AF592604

Michel (Edmond) 1887 - Novembre 28

VENTE DES 28, 29 ET 30 NOVEMBRE 1887

CATALOGUE

DE LA BIBLIOTHÈQUE

DE FEU M. EDMOND MICHEL

PRÉSIDENT DE LA SOCIÉTÉ HISTORIQUE DU GATINAIS
CHEVALIER DE LA LÉGION-D'HONNEUR

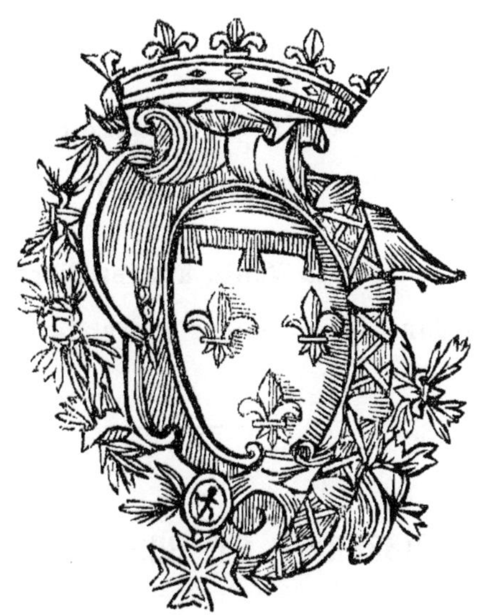

On y remarque : Bréard-Neuville ; Demolombe ; Viollet-le-Duc et Bosc, *Dictionnaires d'architecture ;* Daly ; Gailhabaud ; Verdier et Cattois ; Adam Barsch ; *Ouvrages sur la céramique ;* Expilly, *Dictionnaire*, avec table manuscrite ; Buchez et Roux ; Grégoire de Tours ; Métra, *Correspondance secrète ;* Pinard, *Chronologie historique ;* Aufauvre, *Monuments de Seine-et-Marne ;* D'Hozier, *Armorial ;* Lachenaye-Desbois, *Dictionnaire de la noblesse*, avec table manuscrite ; *Histoire littéraire de la France ;* Moreri, *Dictionnaire*, etc.

SOUS PRESSE :

CATALOGUE DES TABLEAUX

DESSINS ET ESTAMPES

COMPOSANT LE CABINET

DE FEU M. RICHAULT

DIRECTEUR DU COMPTOIR D'ESCOMPTE D'ORLÉANS

Dont la Vente aux enchères

aura lieu dans les premiers jours de décembre 1887.

TAPISSERIES ET OBJETS D'ART

IMP. GEORGES JACOB, — ORLÉANS.

CATALOGUE

ORDRE DES VACATIONS

1re. *Lundi 28 novembre.*	Nos	**1**	à	**90**
		261	à	**296**
		375	à	**479**
2e. *Mardi 29 novembre.*	Nos	**91**	à	**177**
		297	à	**338**
		480	à	**583**
3e. *Mercredi 30 novembre.*	Nos	**178**	à	**260**
		339	à	**374**
		584	à la fin.	

Les acquéreurs paieront six centimes par franc, en sus des adjudications.

M. H. HERLUISON, libraire à Orléans, chargé de la vente, remplira les commissions qu'on voudra bien lui confier.

IMP. GEORGES JACOB, — ORLÉANS.

CATALOGUE
DES LIVRES

ANCIENS ET MODERNES

COMPOSANT

LA BIBLIOTHÈQUE DE FEU M. EDMOND MICHEL

PRÉSIDENT DE LA SOCIÉTÉ HISTORIQUE DU GATINAIS, MEMBRE
NON RÉSIDANT DU COMITÉ DES SOCIÉTÉS DES BEAUX-ARTS DES DÉPARTEMENTS,
CHEVALIER DE LA LÉGION-D'HONNEUR, ETC.

LA VENTE AUX ENCHÈRES PUBLIQUES AURA LIEU

Les Lundi 28 Novembre et jours suivants

PLACE DU VIEUX-MARCHÉ, 11, A ORLÉANS, A 7 HEURES DU SOIR

Par le ministère de l'un de MM. les Commissaires-Priseurs d'Orléans
Assisté de M. H. HERLUISON, libraire à Orléans.

ORLÉANS
H. HERLUISON, LIBRAIRE
17, RUE JEANNE-D'ARC, 17

1887

THÉOLOGIE

1. Bible (La Sainte). *Paris, Desoer*, 1819, 7 vol. in-12, v. fauve, orn. sur les plats, tr. dor.
2. Biblia Sacra. *Lugduni*, 1710, in-8, v. j.
3. Bizouard. Des rapports de l'homme avec le démon, essai historique et philosophique. *Paris, Gaume*, 1863-64, 6 vol. in-8, demi-rel. bas. de coul.
4. Buchon. Choix de monuments primitifs de l'Église chrétienne. *Paris*, 1841, gr. in-8, demi-chag.
5. Fleury (L'abbé). Histoire du christianisme continuée jusqu'à la fin du XVIIIe siècle, par une société d'ecclésiastiques, sous la direction de M. l'abbé O. Vidal. *Paris*, 1836, 6 vol. gr. in-8, demi-rel.
6. Fontana. Storia degli ordini monastici religiosi e militari e delle congregazioni secolari dell' uno e l'altro sesso, trad. dal franzese de P.-G. Francesco Fontana. *In. Lucca*, 1738, 8 vol. in-4 bas.
7. D'Hauterive. Grand catéchisme de la persévérance chrétienne, 3e édition. *Paris, Vivès*, 1876, 12 vol. in-12 broch.
8. Jérôme (Saint). Œuvres publiées par Matougues. *Paris*, 1838, gr. in-8, demi-chag.
9. Larroque (Patrice). Examen critique des doctrines de la religion chrétienne. *Paris*, 1860, 2 vol. in-8 cart. dos toile.
10. Louis de Grenade. Œuvres complètes. *Paris, Vivès*, 1868-1872, 22 vol. in-8 broch.
11. Mahomet. Le Coran, trad. de l'arabe par Savary, avec notice par Collin de Plancy. *Paris*, 1826, 2 vol. in-18, port., demi-chagr.
12. Massillon. Petit carême et sermons choisis. *Paris, Gavard, s. d.*, in-4, port. et vignettes sur bois, demi-chag., tr. dor.
13. Massillon. Petit carême, précédé d'une notice sur sa vie et ses ouvrages. *Paris*, 1825, in-8 cart.
14. Potter. Histoire du christianisme et des églises chrétiennes. *Paris*, 1836, 8 vol. in-8, demi-rel.
15. Renan. Vie de Jésus. *Paris, M. Lévy*, 1863, in-8.
16. Salvador. Histoire des institutions de Moïse et du peuple hébreu. *Bruxelles*, 1829, 2 vol. in-12 broch.

17. Strauss. Vie de Jésus, traduite par Littré. *Paris, Ladrange,* 1856, 2 vol. in-8 broch.

18. Strauss. Nouvelle vie de Jésus, traduite par Nefftzer et Dollfus. *Paris, Hetzel,* 1864, 2 vol. in-8 broch.

19. Swedenborg (E.). La vraie religion chrétienne, contenant la théologie universelle de la nouvelle Église, traduite par Moet, de Versailles. *Bruxelles,* 1819, 3 vol. in-8, demi-rel. bas. de coul.

20. Tillemont (de). Mémoires pour servir à l'histoire ecclésiastique des six premiers siècles, justifiés par les citations des auteurs originaux, par le sieur D. T. (de Tillemont). *Paris, C. Robustel,* 1693-1712, 16 vol. in-4, v. fauve, fil.

Exemplaire de M. de Fontanes. Les tomes 1, 3 et 10 sont en mauvais état.

21. Voragine (Jacques de). La légende dorée. *Paris, Gosselin,* 1843, 2 vol. in-12 broch.

JURISPRUDENCE

22. Bréard-Neuville. Pandectes de Justinien, mises dans un nouvel ordre, par Pothier, traduites par Bréard-Neuville, texte en regard. *Paris, Dondey-Duprey,* 1821, 24 vol in-8 broch.

23. Code des commensaux ou recueil général des édits, déclarations, ordonnances, lettres-patentes, arrests et réglemens. *Paris,* 1720, in-12 v.

24. Code des lois de l'enregistrement, le timbre, les droits de greffe et d'hypothèque. *Paris,* 1873, in-8 broch.

25. Dalloz. Dictionnaire de législation et de jurisprudence, période de 1790 à 1835. *Paris,* 1844, 9 liv. in-4 broch., plus les liv. 10 et 12 du supplément, ensemble 11 liv.

26. Dalloz. Recueil périodique, 1825 à 1853, 36 vol. in-4, dont 18 reliés.

27. Demangeat. Cours élémentaire de droit romain. *Paris,* 1866, 2 vol in-8 broch.

28. Demolombe. Cours de code Napoléon. *Paris,* 1865-1882, 31 vol. in-8 broch.

29. Dictionnaire du notariat. Supplément à la 4e édition. Tomes 1er (en 2 parties), 2e et 3e (A.-Oc.). *Paris,* 1879-1884, 3 tomes en 4 vol. in-8 broch.

30. Dictionnaire ou traité de la police générale des villes, bourgs, paroisses et seigneuries de la campagne, par de La Poix de Freminville. *Paris*, *Gissey*, 1758, in-4, v. m.

31. Dumas (Alex.). Crimes célèbres. *Paris*, 1840, 8 vol. in-8, fig., demi-rel.

32. Duranton. Cours de droit français. *Paris*, 1844, 22 vol. in-8 broch.

33. Furgolle. Traité de la seigneurie féodale univervelle et du franc-alleu naturel. *Paris*, *Hérissant*, 1767, in-12, rel. v.

34. Le Pelletier. Instruction très facile et nécessaire pour obtenir en cour de Rome toutes sortes d'expéditions de bénéfices, dispenses de mariages et autres, etc. *Paris*, *Journel*, 1682, in-12 v.

35. Le Pelletier. Recueil général de tous les bénéfices et commanderies de France et de ses dépendances, par ordre alphabétique, avec leurs noms latins, françois, leurs revenus, qualitez, etc. *Paris*, 1690, in-12 v.

36. Manuel des lois du bâtiment. *Paris*, 1879, 5 vol. in-8, fig., cart.

37. Peyronny et Delamarre. Commentaire théorique et pratique des lois d'expropriation pour cause d'utilité publique. *Paris*, 1860, in-8 br.

38. Recueil tiré des procédures civiles faites en l'officialité de Paris et autre officialitez du royaume, par Pierre Combes. *Paris*, 1705, in-fol. v.

39. Saint-Edme. Dictionnaire de la pénalité. *Paris*, 1824, 5 vol. in-8, fig., demi-rel.

40. Watteville (baron de). Code de l'administration charitable, ou Manuel des administrateurs, agents et employés des établissements de bienfaisance, 2e édition. *Paris*, *Cotillon*, 1847, in-8, demi-rel.

SCIENCES ET ARTS

Sciences philosophiques.

41. Bacon. Œuvres philosophiques, morales et politiques. *Paris*, 1841, gr. in-8, demi-rel.

42. Boiteau. Les traités de commerce. Texte de tous les traités en vigueur. *Paris*, *Guillaumin*, 1863, in-8 br.

43. Bordas-Demoulin. Le cartésianisme, ou la véritable innovation des sciences. *Paris*, 1843, 2 vol. in-8, demi-chag.

44. Campan (Mme). De l'éducation. *Paris*, 1824, 2 vol. in-8, demi-rel.

45. Charron (P. Le). Les trois veritez, par Pierre Le Charron, parisien. *Bourdeaux, S. Millanges*, 1595, pet. in-8 parch.

46. Cherbuliez. Précis de la science économique et de ses principales applications. *Paris, Guillaumin*, 1862, 2 vol. in-8 broch.

47. Cousin (Victor). Fragments philosophiques. *Paris*, 1826, 2 vol. — Cours de l'histoire de la philosophie. *Paris*, 1841, 3 vol., ensemble 5 vol. in-8, demi-rel. chag.

48. Damiron. Essai sur l'histoire et la philosophie au XIXe siècle. *Bruxelles*, 1835, 2 vol. in-12 broch.

49. Duckett. Dictionnaire de la conversation à l'usage des dames et des jeunes personnes. *Paris*, 1841, 10 vol. in-12, fig., demi-chag.

50. Ducuing. L'Exposition universelle de 1867. *Paris*, 1867, 2 vol. in-fol., fig., demi-rel. bas. de coul.

51. La Bruyère. Caractères, suivis des caractères de Théophraste. *Paris*, 1824, 2 vol. in-8, portr., demi-chag.

52. Pascal. Lettres provinciales et pensées. *Paris*, 1819, 2 vol. in-8, portr., rel. v.

53. Rey (Joseph). Théorie et pratique de la science sociale. *Paris*, 1842, 3 vol. in-8, demi-chag.

54. Simon (J.). Le travail. *Paris*, 1866, gr. in-8 br.

55. Tocqueville. De la démocratie en Amérique. *Paris*, 1848, 4 vol. in-8, demi-chag.

56. Vauvenargues. Œuvres complètes, avec notice biogr. *Paris*, 1821, 3 vol. in-8, demi-rel.

57. Vraye. L'agriculture et la propriété foncière en face des lois fiscales, etc. *Paris*, 1870, in-8, demi-chag.

Sciences naturelles, etc.

58. Bertrand (Alex.). Lettres sur les révolutions du globe. *Paris*, 1839, in-8, demi-chag.

59. Botanique médicale. Dictionnaire, par une réunion de médecins, etc. *Paris*, 1836, 2 vol. in 8, demi-rel.

60. Buffon. Œuvres complètes revues par Richard, suivies de l'ouvrage de Cuvier sur les progrès des sciences physiques et naturelles. *Paris, Delangle*, 1827, 32 vol. in-8, port. et fig., demi-rel. v. ant.

61. Cap (A.). Le muséum d'histoire naturelle. *Paris, Curmer*, 1854, gr. in-8, fig. grav. et color., cart. tr. dor.

62. Carl Vogt's. Lehrbuch der geologie und Petrefactenkunde. *Braunschweig*, 1854, in-8, avec figures.

63. Chevallier. Dictionnaire des altérations et falsifications des substances alimentaires, etc. *Paris*, 1850, 2 vol. in-8, demi-chag.

64. Duchartre. Éléments de botanique. *Paris, J.-B. Baillière*, 1867, in-8 cart.

65. Encyclopédie moderne, publiée par Didot, sous la direction de M. Léon Renier. *Paris*, 1847, 30 vol. in-8, demi-rel., dont 3 vol. de planches.

66. Figuier. Le savant du foyer, ou notions scientifiques sur les objets usuels de la vie. *Paris*, 1862. — Les grandes inventions anciennes et modernes, dans les sciences, l'industrie et les arts. 1861, 2 vol. gr. in-8, fig., demi-chag.

67. Figuier. Les merveilles de la science. Bateaux à vapeur, chemins de fer, etc. *Paris*, 1867, gr. in-8, fig., broch.

68. Fontenelle. Entretiens sur la pluralité des mondes. *Paris*, 1820, in-8, demi-rel.

69. Gerhard et Chancel. Précis d'analyse chimique qualitative et quantitative. *Paris*, 1874-1875, 2 vol. in-12, fig., demi-chag.

70. Gervais (P.). Éléments de géologie. *Paris, Hachette*, 1871, in-8, demi-chag.

71. Guyot (Docteur J.). Sur la viticulture du centre nord de la France. *Paris, Imp. Impériale*, 1866, in-4 broch.

72. James (Docteur Constantin). Guide pratique aux eaux minérales de France et Belgique. *Paris, V. Masson*, 1852, in-8 broch.

73. Joubert. Les vins. Manière de les soigner. *Paris, Renouard*, 1842, in-8, demi-rel.

Dans le même volume : Instruction sur la manière de préparer le thé, par Houssaye, 1834. — De l'Influence des irrigations dans le Midi, et autres mémoires scientifiques.

74. Lacépède. Œuvres. *Paris, Duménil*, 1836-1838, 3 vol. in-8, fig., pl. grav., broch.

75. Lacroix. Traité du calcul différentiel et du calcul intégral, 2e édition. *Paris*, 1810, tome Ier, in-4, demi-rel.

76. Lavater (Gaspard). L'art de connaître les hommes par la physionomie, édition publiée par Moreau de la Sarthe, et ornée de 600 gravures en taille-douce. *Paris*, *Depelafol*, 1835, 10 vol. in-8 broch.

77. Lecomte. Dictionnaire pittoresque de marine. *Paris*, 1835, gr. in-8, demi-chag.

78. Rarey. L'art de dompter les chevaux. *Paris*, 1858, in-18 broch.

79. Riche. Manuel de chimie médicale et pharmaceutique. *Paris*, *Didot*, 1870, in-12, demi-chag.

80. Soubeiran. Traité de pharmacie, revue par Regnauld. *Paris*, *Masson*, 1869, in-8, demi-rel.

81. Tardieu. Étude médico-légale sur l'empoisonnement. *Paris*, *Baillière*, 1869, in-8, demi-chag.

82. Tissandier. La nature, année 1882, en liv., in-4, fig.

83. Troost. Traité élémentaire de chimie. *Paris*, 1869, in-8, demi-rel.

84. Tyndal. Les glaciers et les transformations de l'eau. *Paris*, 1877, in-8 cart.

85. Wurtz. Dictionnaire de chimie, 19 fascicules A-R., les 10 premiers reliés en 2 vol. in-8, demi-chag.

BEAUX-ARTS

86. Annuaire des lettres, des arts et des théâtres, avec gravures et illustrations. *Paris*, 1846-1847, in-8 br.

87. Bougot. Essai sur la critique d'art, ses principes, sa méthode, son histoire en France. *Paris*, *Hachette*, *s. d.*, in-8 broch.

88. Boutillier. De l'influence de l'idée religieuse sur le développement de l'art architectural et de la civilisation. *Rouen*, 1882, in-8 broch.

89. Cartier. L'art chrétien. Lettres d'un solitaire. *Paris*, 1878, in-8 broch.

90. Demay. Le costume au moyen âge, d'après les sceaux. *Paris*, *D. Dumoulin*, 1880, gr. in-8, fig., broch.

91. Didron. Iconographie chrétienne. Histoire de Dieu. *Paris, imp. royale*, 1843, in-4, demi-rel.

On a ajouté à cet exemplaire :

1° Instructions du Comité historique des arts et des monuments. *Imp. royale*, 1839, 126 pages.

2° Musique, 1839, 17 pages et 7 planches.

3° Architecture militaire, par Mérimée et Albert Lenoir. *Paris, Imp. impériale*, 1857, 80 pages avec figures.

92. Douet-Darcq. Note concernant l'ameublement du roi Jean en 1352, in-4 broch.

93. Félibien. Principes de l'architecture, de la sculpture et de la peinture et des autres arts qui en dépendent, avec un dictionnaire des termes propres à chacun de ces arts. *Paris*, 1676, in-4, rel. v.

94. Gay (Victor). Glossaire archéologique. *Paris*, 1882, fascicules 1, 2, 3, 4. In-4, fig., broch.

95. Graesse. Guide de l'amateur d'objets d'art et de curiosité. *Dresde*, 1871, in-8, fig.

96. Grasset-Sauveur. Encyclopédie des voyages. Amérique. *Paris*, 1796, in-4, nombreux costumes en noir et en couleur, bas. m.

97. Grimouard de Saint-Laurent. Guide de l'art chrétien, étude d'esthétique et d'iconographie. *Paris, Didron*, 1872, 5 vol. in-8, fig., broch.

98. Heideloff. Ornements du moyen âge, 200 planches accompagnées d'un texte explicatif. *Paris, Morel*, in-4 en un carton.

99. Lecoy de la Marche. Extraits des comptes et mémoriaux du roi René pour servir à l'histoire des arts au XVe siècle. *Paris, Picard*, 1873, in-8 broch.

100. Michel (Edmond). Réorganisation de l'enseignement artistique en France. *Lyon, H. Georg.*, 1877, in-4 broch.

101. Pascal. Institutions de l'art chrétien pour l'intelligence et l'exécution des sujets religieux au point de vue de la peinture, de la sculpture et de la gravure. *Paris*, 1856, 2 vol. in-8 broch.

102. Rigollot. Histoire des arts du dessin depuis l'époque romaine jusqu'à la fin du XVIe siècle. *Paris*. 1863, 2 vol. in-8 et album de planches broch.

103. Rio. De l'art chrétien. *Paris, Hachette*, 1861, 3 vol. in-8 broch.

104. Seré (F.) et P. Lacroix. Histoire de l'orfèvrerie, joaillerie et des anciennes communautés de France et de Belgique. *Paris, Seré*, 1850, in-8, fig., broch.

105. Vinet. Bibliographie des Beaux-Arts. *Paris, Didot*, 1874-1877, 2 liv. in-8 broch.

106. Viollet-le-Duc. Intervention de l'État dans l'enseignement des beaux-arts. — Réponse à M. Vitet à propos de l'enseignement des arts du dessin. *Paris*, 1864, 2 broch. in-8.

107. Viollet-le-Duc. Dictionnaire raisonné du mobilier français. *Paris, Morel*, 1874, 6 vol. in-8, planches gravées et imp. en chromol., fig. sur bois dans le texte, broch.

Collections.

108. Both de Tauzia et F. Villot. Notice des tableaux exposés dans les galeries du Musée du Louvre. *Paris*, 1878-1879, 3 parties en 1 vol., pet. in-8 cart.

109. Chouquet. Le musée du conservatoire national de musique. *Paris, Didot*, 1875, gr. in-8 broch.

110. Davillier (le baron). Une vente d'actrice sous Louis XVI. Inventaire de Mlle Laguerre, de l'Opéra. — Vente du mobilier du château de Versailles pendant la Terreur. *Paris*, 1870-1877, 2 broch. in-8, port.

111. Defer. Catalogue général des ventes publiques de tableaux et estampes depuis 1737 jusqu'à nos jours, formant un dictionnaire des peintres et des graveurs les plus célèbres. *Paris*, 1864-1867, 12 liv. gr. in-8.

112. Dumas. Catalogue illustré du salon de 1879, 1880-1881, 1882, 1883, 1884. *Paris, Baschet*, 5 vol. in-8, fig., dont 2 broch. et 3 cartonnés.

113. Bonnemaison. Galerie de S. A. R. Madame la duchesse de Berry, École française, peintres modernes, publiée sous la direction de M. le chevalier de Bonnemaison. *Paris, J. Didot*, 1822, 2 vol. in-fol., contenant 120 planches lith. par les meilleurs artistes, demi-rel. dos et coins mar. rouge n. rog.

114. Inventaire général des richesses d'art de la France. Paris, monuments religieux et civils, t. Ier. Province, t. Ier. *Paris*, 1877-1880, ens. 3 vol. gr. in-8 broch.

115. Lenoir (Albert). Archives du musée des monuments français, 1re partie. *Paris, Plon*, 1883, gr. in-8 broch.

116. Marcille (Eudoxe). Catalogue des tableaux, statues et dessins exposés au Musée d'Orléans. *Orléans, H. Herluison*, 1876, in-12 broch.

117. Pesquidoux. Voyage artistique en France. Étude sur les musées. — L'école anglaise 1672-1851. Reynold, Lawrence, Turner, etc. *Paris*, 1857-1858, 2 vol. in-12 broch.

117 *bis*. Soulié (Eudore). Notice du musée impérial de Versailles. *Paris, de Mourgues*, 1859-1861, 3 vol. in-8 broch.

Peinture. — Gravure. — Sculpture.

118. Les mystères du collège, illustrés par E. Lorsay. *Paris, Havard*, 1845, in-8, fig., demi-veau f.

119. Balzac, G. Sand. Scènes de la vie privée et publique des animaux. Vignettes par Grandville. *Paris*, 1852, gr. in-8 broch.

120. Bartsch (A.). Le peintre graveur. *Leipzig*, 1821-1854, 21 vol. in-8 et atlas de planches in-4, demi-rel. bas. de coul.

121. Blancheton. Vues pittoresques des châteaux de France, dessinées d'après nature et lithog. par les meilleurs artistes de la capitale, par A. Blancheton. *Paris*, *s. d.*, 2 vol. in-fol., demi-rel. dos et coins mar. La Vall. grain long., n. rog.

122. Champfleury. Histoire de la caricature au moyen âge. *Paris*, *Dentu*, pet. in-8, fig., demi-rel., dos et coins v. fauve, tête dor., n. rog.

123. Cicognara. Storia della scultura dal suo risorgimento in Italia piso al secolo di Canova. *Prato, Giachetti*, 1824, 7 vol. in-8, port., v. marbr., fil., et 3 vol. in-fol. contenant 175 planches gravées, demi-rel. v.

124. Daumier. Les Robert Macaire, 60 lithog. coloriées en 1 vol. in-4.

125. Desnoyers, Guinot, etc. Les étrangers à Paris. Illustrations de Gavarni. *Paris*, *s. d.*, in-8, fig., demi-bas.

126. F. Didot. Essai typographique et bibliographique sur l'histoire de la gravure sur bois. *Paris*, 1863, in-8 br., texte en caractères microscopiques.

127. École française, XVIIIe siècle. Apparition d'une déesse. Dessin à la sanguine en haut.

128. Figures pour les contes de La Fontaine, 28 pièces in-4 lith. par Deveria.

129. Francis Seymour-Haden. L'œuvre gravé de Rembrandt. *Paris*, 1880, gr. in-8 broch.

130. Gavarni. Le diable à Paris. *Paris, Marescq*, 1853, gr. in-8, fig., cart.

131. Gill (A.). Les hommes d'aujourd'hui, portraits-charges, par A. Gill. *Paris, Cinqualbre, s. d.*, 186 numéros in-4, fig. coloriées en liv.

132. Gill. La parodie. 4 juin 1869 au 16 janvier 1870. 21 livraisons in-4, fig. color. en 1 carton.

133. Grandville. Petites misères de la vie humaine, par Old Nick et Grandville. *Paris, H. Fournier*, 1841, in-8, pl. et nomb. fig., demi-bas.

134. Grandville. Scènes de la vie privée et publique des animaux. *Paris*, 1842, 2 vol. gr. in-8, fig., demi-rel. chag. La Vall.

135. Jouin (H.). La sculpture en Europe (1878-1879), précédé d'une conférence sur le genre plastique, par H. Jouin. *Paris, Plon*, 1879, 2 vol. in-8 broch.

136. Labedollière. Londres et les Anglais, illustrés par Gavarni. *Paris, Barba*, gr. in-8 broch.

137. Lami (Eugène). La vie de château. 10 pièces lith. col.

138. Leber. Histoire de l'art. Des estampes et de leur étude, depuis l'origine de la gravure jusqu'à nos jours. *Orléans*, 1865, in-4 broch.

139. Métamorphoses d'Arlequin, parades jouées sur le théâtre français. *Bruxelles*, 1826, 12 planches in-4 lithog. col., à toutes marges.

140. Michel. Étude sur la sculpture tumulaire de l'Orléanais et du Gâtinais. *Orléans, H. Herluison*, 1882, in-16 broch.

141. Musée ou magasin comique de Philipon, contenant 800 dessins par Cham, Gavarni, Grandville, Ch. Vernier; textes par Cham, Huart, etc. *Paris, Auber, s. d.*, in-4 cart.

Tome IIe contenant les livraisons 25 à 48.

142. Musée (Le) de la caricature en France. *Paris*, 1834-1835, 19 liv. in-4, fig.

143. Nerval (Gérard de) et autres. La revue comique à l'usage des gens sérieux, histoire de l'année 1849, mai à décembre. *Paris, s. d.*, gr. in-8, fig. de Bertall, Nadar, etc., cart. n. rog.

144. Œuvres choisies de Gavarni. *Paris*, 1864, in-fol. cart.

145. Palustre (L.). La renaissance en France. *Paris, Quantin*, 1879-1883, 10 liv. in-fol., nombreuses eaux-fortes dans le texte et hors texte.

Ces livraisons contiennent : La Flandre, l'Artois, la Picardie, l'Ile de France et la Normandie.

146. Palustre. Le triomphe d'Anne de Montmorency, miniature du XVIe siècle. *Paris*, 1878, in-4 broch.

148. Ply. La facture moderne étudiée à l'orgue de Saint-Eustache. *Lyon, Perrin*, 1880, gr. in-8 broch.

149. Portraits des représentants du peuple de l'Assemblée nationale de 1848. 20 port. in-4, lith.

150. Scheffer. Ce qu'on dit et ce qu'on pense, petites scènes du monde. *Paris, Gihaut*, in-fol. oblong., lith. coloriées.

151. Selvatico. Sulla architettura e sulla scultura. *Venezia*, 1847, in-8 broch.

152. Tapis de Bourgogne à Berne (Les). *Berne*, 1870, in-12 broch.

153. Traviès, Daumier, Pigal et autres. Caricatures, lithog. coloriées, 100 p. en 1 vol. in-4.

154. Watelet. L'art de peindre, poème avec des réflexions sur les différentes parties de la peinture. *Paris, Guérin*, 1760, in-4, fig., bas. m.

Cachet sur le titre.

Céramique.

155. Amé. Les carrelages émaillés du moyen âge et de la renaissance, précédé de l'histoire des anciens pavages. *Paris*, 1859, in-4, planches en coul., broch.

Tiré à 300 exemplaires.

156. Baudry (Paul). Collection céramique du Musée des antiquités de Rouen. Faïences, 1864, in-8 broch.

157. Brongniart et Riocreux. Description méthodique du musée céramique de la manufacture de porcelaine de Sèvres. *Paris, Leleux*, 1845, 2 vol. avec 55 planches, en part. coloriées, demi-chag. La Vall., n. rog.

158. Catalogue d'anciennes faïences françaises et étrangères, objets d'art, meubles et marbres composant les collections de MM. Michel et Robellaz. *Lyon*, 1878, in-8 broch.

159. Caumont (De). Essai sur les poteries romaines et les objets d'antiquités trouvés au Mans en 1809, par Daudin et de Caumont. *Paris, Larue*, 1829, pet. in-fol., planches, broch.

160. Darcel. Notice des faïences peintes italiennes, hispano-moresques et françaises. *Paris*, 1864, in-12 broch.

161. Davillier. Histoire des faïences et porcelaines de Moustiers, Marseille et autres fabriques méridionales. *Paris, Castel*, 1863, in-8, fig., broch.

162. Davillier. Histoire des faïences hispano-moresques à reflets métalliques. *Paris, Didron*, 1861, in-8.

163. Delisle (L.). Documents sur les fabriques de faïence de Rouen, recueillis par Haillet de Couronne et publiés par Léopold Delisle. *Valogne, Martin*, 1865, in-8 broch.

164. Frasnay. La fayence, poème de P. de Frasnay, suivi de vasa faventina, avec une introduction sur l'usage et le prix des faïences aux siècles derniers, par le baron Ch. Davillier. *Paris, Aubry*, 1870, in-12, pap. vergé.

165. Forestié (E). Les anciennes faïences de Montauban, Ardus, Negrepelisse, Auvillar, etc. *Montauban*, 1876, in-8, pl., broch.

166. Graesse. Guide de l'amateur de porcelaines et de poteries. *Dresde*, 1875, pet. in-8, nombreuses marques, broch.

167. Greslou. Recherches sur la céramique, suivies de marques et monogrammes des différentes fabriques. *Chartres, Petrot-Garnier*, 1864, pet. in-8, fig. en couleur, broch.

168. Gouellain. Céramique révolutionnaire, l'assiette dite à la guillotine. *Paris, Jouaust*, 1872, in-4, fig., pap. teinté.

169. Hammann. Briques suisses ornées de bas-reliefs du XIIIe siècle. *Genève*, 1868, in-4 avec 12 pl., broch.

170. Havard (H.). Histoire de la faïence de Delft, ouv. enrichi de 25 planches hors texte et de plus de 400 dessins, fac simile, chiffres, etc. dans le texte, par Flammeng et Goutzwiller. *Paris, Plon*, 1878, gr. in-8 broch.

171. Jacquemart. Les merveilles de la céramique. *Paris*, 1868, 3 vol. in-12 broch.

172. Laugardière (C. de). Lettre de M. Alfred Darcel sur le lieu de fabrication des carreaux du château de Thouars. *Paris*, 1865, in-12 broch.

173. La Ferrière-Percy. Une fabrique de faïence à Lyon sous Henri II, par La Ferrière-Percy. *Paris*, 1862, in-8 broch., pap. vergé.

174. Le Breton (Gaston). La céramique polychrome à glaçures métalliques dans l'antiquité. *Rouen*, 1881, in-8 broch.

175. Lejal. Note sur une marque de faïence contestée. *Valencienne*, 1865, gr. in-8.

176. E. Michel. Essai sur l'histoire des faïences de Lyon. *Lyon*, 1876, broch. gr. in-8, fig.

177. Palissy. Les œuvres de Bernard Palissy, publiées d'après les textes originaux, par Anatole France. *Paris*, 1880, in-8 broch.

178. Pottier (André). Histoire de la faïence de Rouen. *Rouen, Le Brument*, 1870, 2 vol. in-4 accompagnés de 50 planches en coul., demi-chag. rouge.

179. Ris-Paquot. Nouveau dictionnaire des marques et monogrammes des faïences, poteries, grès, etc., avec 2,700 marques. *Paris*, 1873, pet. in-8 broch.

180. Ris-Paquot. Manière de restaurer soi-même les faïences, porcelaines, cristaux, etc. *Amiens*, 1876, in-12, planches, br.

181. Robillard de Beaurepaire. Les faïences de Rouen et de Nevers à l'Exposition universelle. *Caen, Le Blanc-Hardel*, 1867, in-8 broch.

182. Tabouriech. Documents sur quelques faïenceries du sud-ouest de la France. *Paris*, 1864, in-12 broch.

183. Tainturier. Notice sur les faïences du XVIe siècle, dites de Henri II, suivie d'un catalogue contenant la description de toutes les pièces connues. *Paris*, 1860, in-8 broch., fig.

Architecture. — Construction.

184. Album de Villard de Honnecourt, architecte du XIIIe siècle, publié en fac-simile précédé de considérations sur la renaissance de l'art français au XIXe siècle, suivi d'un glossaire, par Lassus et Darcel. *Paris, Imp. impériale*, 1858, in-4, pl., br.

185. Annales du conservatoire des arts et métiers, nos 21, 22, 23, 24, 26, 1865 et 1866, 5 broch. in-8.

186. Belidor. La science des ingénieurs dans la conduite des travaux de fortification et d'architecture civile. *Paris*, 1729, in-4, fig., rel. v.

187. Blondel. Cours d'architecture ou traité de la décoration, distribution et construction des bâtiments. *Paris*, 1771, 7 vol. in-8, rel. v.

188. Boileau. Traité complet de l'évaluation de la menuiserie. *Paris*, 1847, in-8 broch.

189. Bosc. Dictionnaire raisonné d'architecture. *Paris, Didot*, 1876-1879, 4 tomes div. en 20 liv., fig., broch.

190. Caristie. Monuments antiques à Orange, arc de triomphe et théâtre. *Paris, Didot*, 1856, gr. in-fol., pl., en cart.

191. Caumont (de). Abécédaire ou rudiment d'archéologie. *Paris*, 1854, in-8, fig., broch.

192. Chateau. Technologie du bâtiment. *Paris*, 1863, 2 vol. in-8 broch.

193. Cicognara. Monumenti sepolcrali cospicui eretti alla memorie degli nomini celebri in Venezia, publicate per cura del conte Leopoldo Cicognara. *Torino, Basadoma*, 1868, 85 pl. in-fol. dans un carton.

194. Cicognara. Édifices et monuments remarquables de Venise, illustrés par L. Cicognara, A. Diedo et J.-A. Solva, édition augmentée et annotée par Zanotto, texte italien-français. *Venise*, 1858, 2 vol. in-fol. avec planches, en feuilles.

195. Cordier. Équilibre stable des charpentes en fer, bois et fonte. *Paris*, 1872, in-4, fig., cart.

196. Daly (César). Revue générale de l'architecture et des travaux publics, tomes I à XXX. *Paris*, 1840-1873, 27 vol. in-4, dont 10 demi-rel. et les autres br.

Les tomes 27, 28 et 29 manquent.

197. Daviler. Cours d'architecture. *Paris*, 1691, 2 vol. in-4, rel. v.

198. Delagardette. Les ruines de Pœstum ou Posidonia, ancienne ville de la Grande-Grèce, à vingt-deux lieues de Naples et dans le golfe de Salerne. *Paris*, an VII, in-fol., fig., cart.

199. Desgodetz. Les édifices antiques de Rome, 1re, 2e, 3e et 4e livraisons. *Paris*, 1836, in-fol., pl., cart.

200. Destéract. Traité complet selon le système métrique pour la réduction des bois de charpente équarris, bois en grume et bois de sciage. *Paris*, 1885, in-4, demi-rel.

201. Ducompex. Traité de la peinture en bâtiment et du décor. *Paris*, 1878, in-8 br.

202. Durand. Précis des leçons d'architecture données à l'école polytechnique. *Paris*, 1809, 2 vol. in-4, demi-rel. v.

203. Durand. Recueil et parallèle des édifices de tous genres anciens et modernes, remarquables par leur beauté, par leur grandeur ou singularité. *Paris*, an VIII, in-fol. max. en cart.

204. Durelli. La certosa di Pavia descritta ed illustrate con tavole incise dai fratrelli Gaetano e Francesco Durelli. *Milano*, 1853, in-fol. max., contenant 62 pl. gravées, demi-rel., dos et coins n. rog.

205. Eck. Traité de construction en poteries et fer, suivi d'un recueil de machines appropriées à l'art de bâtir. *Paris*, 1836, in-fol., fig., cart.

206. Encyclopédie d'architecture, revue mensuelle des travaux publics et particuliers, 1er volume. *Paris*, 1872, gr. in-4, pl. gravées, broch.

207. Felibien (J.-F.). Description de l'Église royale des Invalides. *Paris, Quillau*, 1706, 2 vol. in-fol., pl., v. m.

208. Forget me not; a christmas new year's, and Birthday present for 1832. Edited by Shoberl. *London*, 1832, in-12, fig. cart., tr. dor.

209. Gailhabaud. L'architecture du Ve au XVIIe siècle et les arts qui en dépendent: la sculpture, peinture, mosaïque, etc. *Paris, Gide*, 1858, 4 vol. in 4, et album in-fol., nombr. pl. en noir et en chrom., demi-rel. chag.

209 *bis*. Gateuil. Recueil pratique de décorations intérieures et extérieures, 1re année. Planches lithog. en 1 carton in-4.

210. Gazette des architectes et du bâtiment. Revue bi-mensuelle publiée sous la direction de Viollet-le-Duc et Corroyer. Années 1863, 1864, 1865, 3 vol. in-4, fig., demi-rel.

211. Grimaud. Des eaux publiques et de leur application aux besoins des grandes villes, des communes et des habitations rurales. *Paris*, 1863, in-8 br.

212. Hoffstadt. Principes du style gothique exposés d'après des documents authentiques du moyen âge, avec 40 planches in-fol. à l'usage des artistes et des ouvriers. *Liège, Noblet*, 1854, in-8 broch., avec atlas in-fol. dans un carton.

213. L'Ingénieur. Revue scientifique et critique des travaux publics et de l'industrie. Avril, directeur. Années 1857 et 1858, 2 vol. in-4, fig., demi-rel.

214. Joly. Traité pratique du chauffage, de la ventilation et de la distribution des eaux dans les habitations particulières. *Paris*, 1869, in-8 broch.

215. Krafft. Plans, coupes et élévations de diverses productions de la charpente exécutées tant en France qu'à l'étranger. *Paris*, 1805, gr. in-fol., pl., demi-rel., n. rog.

216. Lachez. Enseignement de l'architecture. *Paris*, 1868, in-8 br.

217. Le Muet. Manière de bâtir, pour toutes sortes de personnes. *Paris, s. d.*, in-fol., fig. et frontisp., rel. v.

218. Lettu. Muséum sacré, description de l'église métropolitaine du diocèse d'Auch. *Auch, Portes*, 1837, in-fol., contenant 12 pl. dans un carton.

219. Magasin des arts et de l'industrie, 1re année, 1869. In-4, pl., cart.

220. Mandor. Études d'architecture civile. *Paris*, 1826, gr. in-fol., demi-rel. bas.

221. Matériaux et documents d'architecture classés par ordre alphabétique. 4 livraisons des 1re, 2e et 3e années, gr. in-8.

222. Monographie de la cathédrale de Milan. Le dôme, en 70 planches, 2e édition française. *Milan, s. d.*, in-fol. en cart.

223. Monumenti artistici e storici, delle provincie venete, descritti dalla commissione instituta da S. A. arciduca Ferdinando Massimiliano. *Milano, Stamperia regia*, 1859, in-4, pl., broch.

224. Muller et Cacheux. Les habitations ouvrières en tous pays. Situation en 1878, avenir. *Paris*, 1879, in-8 br. et un album de pl. in-fol.

225. Normand. Le Moniteur des architectes, revue mensuelle, Années 1866, 1867, 1868, 3 vol. in-4, fig. et pl., br.

226. Normand. Recueil varié de plans et de façades, motifs pour des maisons de ville et de campagne, des monuments, des établissements publics et particuliers. *Paris*, 1823, in-8 cart., 153 plans.

227. Notice sur la construction et la dédicace de la chapelle Saint-Louis, érigée par Louis-Philippe Ier sur les ruines de l'ancienne Carthage, près de Tunis. *Paris*, 1841, in-4, pl., demi-rel.

228. Noury. Tarifs d'après le système métrique pour cuber les bois carrés et ronds. *Paris*, 1808, in-4 br.

229. Oppermann. Nouvelles annales de la construction, t. VI, année 1860, in-fol., pl., cart.

230. Palladio. Les quatre livres de l'architecture, d'André Palladio. *Paris*, 1650, in-fol., pl., rel. v.

231. Recueil des maisons de villes et de campagnes. Architecture urbaine et rurale. Planches gravées par Hibon. Vol. 1 à 8, in-4 br.

232. Rondelet. Traité de l'art de bâtir. *Paris, Didot*, 1834, supplément 1860, 7 vol. in-4, broch. et 2 atlas in-fol. cart.

233. Sergent. Traité pratique de tous les mesurages, métrés, jaugeages de tous les corps. *Paris*, 1858, in-8, demi-rel. et un atlas de pl. gravées, br.

234. Sergent. Études sur les ferrures de charpente en bois ou en fer. *Paris*, 1883, in-8, et atlas de 18 pl., in-fol. broch.

235. Série de prix appartenant à la ville de Paris, applicable aux ouvrages de toute nature à exécuter en 1873-1874. *Paris, Chaix*, 1873, 9 parties in-4, broch.

236. Suys. Palais Massimi à Rome, dessiné et publié par Suys et Haudebourt. *Paris*, 1818, in-fol., pl., cart.

237. Vasserol. Nouveau manuel complet des experts. *Paris*, 1845, in-8 br.

238. Verdier et Cattois. Architecture civile et domestique au moyen âge et à la renaissance. *Paris, Didron*, 1855, 2 vol. in-4, nombreuses planches gravées, demi-rel. chag., tête dor., n. rog.

239. Vitruve. Les dix livres d'architecture de Vitruve, édition publiée par Perrault. *Paris*, 1684, in-fol., fig. et frontisp., rel. v.

240. Viollet-le-Duc. Dictionnaire raisonné de l'architecture du XIe au XIIe siècle. *Paris, Morel*, 1859-1868, 10 vol. in-8 br.

241. Wazon. Principes techniques d'assainissement des villes et habitations, suivis en Angleterre, France, Allemagne, etc. *Paris*, 1884, in-8, avec 50 fig., br.

Biographie artistique.

242. Benvenuto Cellini. Mémoires écrits par lui-même et traduits par Léopold Leclanché. *Paris, Labitte, s. d.*, in-12, demi-rel. v.

243. Blanc (Charles). Histoire des peintres de toutes les écoles. 60 liv. in-4, fig., grav. sur bois.

244. Brascassat. Sa vie et son œuvre, par Charles Marionneau, avec un portrait. *Paris, J. Renouard*, 1872, in-8 broch.

245. Charvet (Léon). Les de Royers de La Valfenière, architectes. *Lyon, Glairon-Mondet*, 1870, gr. in-8 broch.

246. Charvet (Léon). Sébastien Serlio, 1475-1554. *Lyon, Glairon-Mondet*, 1869, gr. in-8 broch.

247. Chennevières (De) et A. de Montaiglon. Abecedario de Mariette et autres notes de cet amateur sur les arts et les artistes. *Paris*, 1851-1862, 6 vol. in-8 broch.

248. Chennevières (De). Recherches sur la vie et les ouvrages de quelques peintres provinciaux de l'ancienne France. *Paris, Dumoulin*, 1847-1854, 3 vol., fig., cart.

Envoi autographe de l'auteur. On a ajouté la brochure : Travaux de M. de Chennevières, préparatoires du rapport adressé au directeur des Musées nationaux.

249. Delmotte (H.). Notice biographique sur Roland Delattre, connu sous le nom d'Orland de Lassus (suivie d'une notice sur H. Delmotte). *Valenciennes, imp. A. Prignet*, 1836, gr. in-8 broch.

Exemplaire sur papier chamois de la biographie de ce musicien, qui fut successivement maître de chapelle du Pape, des rois d'Angleterre et des ducs de Bavière.

250. Duhamel. Les architectes du palais des papes. *Avignon*, 1882, in-8 broch.

251. Dussieux (L.). Les artistes français à l'étranger. *Paris*, 1876, fort vol. in-8 broch.

252. Feuillet de Conches. Léopold Robert, sa vie, ses œuvres et sa correspondance. *Paris, Bureau de la Revue des Deux-Mondes*, 1848, in-12 broch.

253. Galerie française ou collection de portraits des hommes et des femmes qui ont illustré la France dans les XVIe, XVIIe et XVIIIe siècles, avec des notices et des fac-simile. *Paris, F. Didot*, 1821-1823, 3 vol. in-4, cart., n. rog.

254. Girardot (Baron de). Les artistes de la ville et de la cathédrale de Bourges. *Nantes, des presses autographiques d'O. Merson*, 1861, pet. in-fol., planches, broch.

255. Herluison. Actes d'état-civil d'artistes français, peintres, graveurs, architectes, extraits des registres de l'Hôtel-de-Ville de Paris. *Orléans*, 1873, in-8 broch.

256. Marcille (E.). Notice sur Robert Soyer, ingénieur des ponts et chaussées. *Orléans*, 1884, in-8, broch.

257. Michel (E.). Étude biographique sur les Tischbein, peintres allemands du XVIIIe siècle. *Lyon*, 1881, in-4, pl. (Tiré à 100 exemplaires.)

258. Rondot. Les artistes et les maîtres de métier de Lyon au XIVe siècle. *Lyon*, 1882, gr. in-8 broch.

259. Schiller. Uns meinem Leben von J.-H. Wilhelm Tischbein, von docteur Karl Schiller. *Braunschweig*, 1861, 2 vol. in-8 broch.

260. Siret (A.). Dictionnaire historique des peintres de toutes les écoles, depuis l'origine de la peinture jusqu'à nos jours. *Paris, Lacroix*, 1866, fort vol. in-8, demi-rel. chag., n. rog.

BELLES-LETTRES

Linguistique.

261. Boyer. Dictionnaire anglais-français et français-anglais. *Paris*, 1829, 2 vol. in-4, rel. v.

262. Coquart (G.). Sur quelques mots lyonnais. *Lyon, Georg.*, 1881, 2 broch. in-8.

Tiré à 75 exemplaires.

263. Du Cange. Glossarium mediæ et infimæ latinitatis, conditum a Carolo Du Fresne du Cange, auctum supplem. Carpenterii, editio nova aucta a Leopold Favre. *Niort, Favre*, 1883-1887, 10 vol. in-4 broch.

264. Jozon. Des principes de l'écriture phonétique et des moyens d'arriver à une écriture universelle. *Paris*, 1877, in-12 broch.

265. Lévy. La linguistique dévoilée par Lévy-Bing. *Paris, Viweg*, 1883, gr. in-8 broch.

266. Littré. Dictionnaire de la langue française. *Paris, Hachette*, 1863-1869, 4 vol. in-4, demi-rel. chag.

267. Maigne. Lexicon manuale ad scriptores mediæ et infimæ latinitatis, ou recueil de mots de la basse latinité, d'après Du Cange, par Maigne d'Arnis. *Paris, Migne*, 1858, fort vol. in-4, demi-rel.

268. Quicherat. Dictionnaire latin-français, in-8 cart.

269. Roquefort. Dictionnaire étymologique de la langue française. *Paris*, 1829, 2 vol. in-8, demi-rel. v. rose.

270. Tissot. Leçons et modèles de littérature française ancienne et moderne. *Paris*, 1835, 2 vol. gr. in-8, demi-rel.

271. Trippault. Celt-Hellénisme ou étymologie des mots françois tirez du grec. *Orléans, Eloy Gibier*, 1581, pet. in-8 parch.

Poésie.

272. Béranger. Chansons, avec notice par Tissot, *Paris*, 1829, fig. et portr., 5 vol. in-12, demi-rel.

273. Bernard. Œuvres, ornées d'une gravure, d'après Prud'hon. *Paris*, 1823, in-8, demi-chagr.

274. Boileau. Œuvres complètes. *Paris, Belin*, 1813, 3 vol. in-8, v. jasp., tr. dor.

275. Boufflers. Œuvres. *Paris*, 1813, 2 vol. in-8, fig. et port., rel. v. porph.

276. Chapelain. La Pucelle ou la France, poème héroïque. *Paris*, 1656, in-fol., demi-mar. violet, tr. rouges, portraits et fig.

277. Chénier (A.). Œuvres complètes. *Paris*, 1819, in-8, demi-chag.

278. Collection Coustellier. *Paris*, 1723-1724, 8 vol. in-12, v.

279. Croissandeau (J.). Le roman de la rose, par Guillaume de Lorris et Jean de Meung, édition accompagnée d'une traduction en vers, suivie de notes et d'un glossaire. *Orléans, H. Herluison*, 1878-1880, 5 vol. in-16, pap. vergé, cart., n. rog.

280. Divan ou recueil de poésies de Saheb Effendy, in-8, forme d'agenda, v., orn. sur les plats.

Manuscrit persan, d'une jolie écriture, filets or, marges jaspées en rose.

281. Gresset. Œuvres choisies. *Paris*, 1823, in-8, fig., demi-rel. chagr.

282. Horace. Œuvres complètes, trad. en vers, par P. Daru. *Paris*, 1819, 4 vol. in-12, demi-chag.

283. Houssaye (A.). Les 101 sonnets. *Paris, s. d.*, in-4, fig., broch.

284. La Fontaine. Fables, illustrées par J.-J. Grandville. *Paris, Fournier*, 1838, 2 vol. in-8, fig., demi-rel., bas. de coul.

285. Lamartine. Méditations poétiques. *Paris*, 1823, gr. in-8, fig., rel. pl. en mar., orn. dor. et à froid sur les plats, tr. dor.

286 Legouvé. Le mérite des femmes. *Paris, Janet*, 1824, in-18, v. rac., fil., tr. dor.

287. Le Tourneur. Les nuits d'Young. Traduction de Le Tourneur. *Paris*, 1824, 2 vol. in-8, fig., demi-rel.

288. Lusse (de). Recueil de romances historiques, tendres et grotesques, avec les airs notés par M.-D. L*** (de Lusse). *S. l.*, 1767, in-8, fig., v.

289. Malherbe. Œuvres choisies. Édition publiée par L Parelle. *Paris, Lefevre*, 1825, 2 vol. in-8, portr., demi-chag.

290. Marot (Clément). Œuvres complètes. *Paris, Rapilly*, 1824, 3 vol. in-8, port., demi-rel. dos et coins m. cyl.

291. Millevoye. Œuvres complètes. *Paris, Furne*, 1827, 4 t. en 2 vol. in-8, demi-chag.

292. Milton. The poetical Works. *Paris*, 1822, 3 vol. in-32, portr., rel. v., dos et pl. orn.

293. Nodier (Charles). Poésies recueillies et publiées par N. Delangle. *Paris, Delangle*, 1829, in-18 broch.

294. Parny. Œuvres. *Paris*, 1808, 5 vol. in-18, rel. v. rac.

295. Phèdre. Fables. Trad. par Panckoucke. *Paris*, 1834, in-8, demi-rel.

296. Racine (Louis). Poésies. *Paris*, 1823, in-8, fig., rel. v., orn. sur les pl.

297. Saint-Lambert. Les Saisons. poème traduit de Thompson. *Paris*, 1823, in-8, fig., demi-chag.

298. Saint-Lambert. Les Saisons, poème trad. de Thompson, in-18 cazin, v. m., fil., tr. dor.

299. Scarron. La Henriade travestie en vers burlesques. *Paris*, 1822, in-32, demi-chag.

300. Scarron. Le Virgile travesti en vers burlesques, avec notes par C. Fetilly. *Paris, Mansut*, 1845, 2 vol. in-12 broch.

301. Tasse (Le). La Jérusalem délivrée, poème traduit de l'italien (par Le Brun). *Paris, Bossange et Masson*, 1814, 2 vol. in-8, rel. pl. en mar. grain long, orn. à froid sur les plats, dent. int., tr. dor. (*Thouvenin.*)

Bel exemplaire avec les figures avant la lettre.

302. Thompson. Les Saisons. Trad. par Deleuze. *Paris*, 1817, in-18, frontisp., rel. v. pl. orn. tr. dor.

303. Tibulle. Élégies, suivies des Baisers de Jean Second. *Tours, l'an* III, 3 vol. in-8, fig., br.

Théâtre.

304. Augier et Jules Sandeau. Le gendre de M. Poirier, comédie en quatre actes en prose. *Paris, Michel Lévy*, 1854, pet. in-8 broch., couverture conservée.

305. Beaumarchais. Œuvres choisies. *Paris*, 1825, 3 vol. in-32, fig., rel. v.

306. Byron. Œuvres. *Paris, Ladvocat*, 1823, 8 vol. in-8, fig. et portr., cart.

307. Coopérative-revue, en trois actes, dont un prologue, représentée à Paris sur le théâtre du Cercle de l'union artistique le 2 juin 1882. *Paris, imp. A. Motteroz*, 1882, pet. in-8 broch.

Exemplaire sur papier de Hollande.

308. Corneille. Chefs-d'œuvre. *Paris*, 1821, 5 vol. in-12, port., demi-rel. bas.

309. Dumas (Alexandre). Son théâtre en 3 vol. gr. in-8, demi-rel.

Réunion de 32 pièces publiées isolément par la *France dramatique*.

310. Feuillet (Octave). Julie, drame en trois actes en prose. *Paris, Michel Lévy*, 1869, in-8, demi-rel, v. fauve.

311. Geoffroy. Cours de littérature dramatique. *Paris*, 1819, 4 vol. in-8, demi-rel.

312. Girardin (Émile de). Le supplice d'une femme, drame en trois actes avec une préface, 2e édit. *Paris, M. Lévy*, 1865, in-8 broch.

313. Gœthe. Œuvres dramatiques. Notice biogr. par Stapfer. *Paris*, 1828, 4 vol. in-8, demi-rel.

314. Leclercq. Proverbes dramatiques. *Paris, Sautelet*, 1828, 6 vol. in-8, v. ant. fil. tr. m.

315. Maurice (Ch.). Histoire anecdotique du théâtre, de la littérature et de diverses impressions contemporaines, tirée du coffre d'un journaliste avec sa vie à tort et à travers. *Paris, Plon*, 1856, 2 vol. in-8, nomb. autographes, broch.

316. Meilhac et Halévy. La vie parisienne, pièce en cinq actes. *Paris, Lib. illustrée*, 1875, in-8, fig. col., demi-rel.

317. Mendès (Catulle). Les mères ennemies, drame en trois actes. *Paris, E. Dentu*, 1883, in-8 broch., couverture conservée.

318. Molière. Œuvres, avec un commentaire, un discours préliminaire et une vie de Molière, par Auger. *Paris, Desoer*, 1825, 9 vol. in-8, fig., demi-chag.

319. Molière. Œuvres illustrées par T. Johannot. *Paris, Paulin*, 1835, 2 vol. gr. in-8, demi-rel. dos et coins chag.

320. Le Moliériste, publié par G. Monval. 3e, 4e et 5e années. *Paris, Tresse*, 1881-1883, 3 vol. in-8, fig., pap. vergé, br.

321. Racine. Œuvres. Édit. publiée par Aimé Martin. *Paris, Lefevre*, 1820, 6 vol. in-8, fig., demi-rel. chagr.

322. Répertoire du théâtre français, avec des commentaires par Voltaire, Racine, La Harpe, etc., des remarques de Molière, Le Kain, Molé, etc., et des notices sur les auteurs et acteurs célèbres, par L.-B. Picard et Peyrot. *Paris, Duprat*, 1826, 4 vol. in-8, portraits, demi-chag.

323. Robert (U.) et G. Paris. Miracles de Notre-Dame, par personnages. *Paris, Didot*, 1876-80, 5 vol. in-8, pap. vergé, cart. n. rog.

324. Schiller. Œuvres dramatiques, trad. de l'allemand. *Paris, Ladvocat*, 1821, 6 vol. in-8, port., cart.

325. Théâtre français au moyen âge, publié d'après les manuscrits de la bibliothèque du roi, par Monmerqué et F. Michel. *Paris*, 1839, gr. in-8, demi-rel.

Romans.

326. Balzac. Œuvres. *Paris, Charpentier*, 1839-1840, 10 vol. in-12, demi-chag.

Scènes de la vie privée, 2 vol. — Scènes de la vie parisienne, 2 volumes. — Balthasar Claes, Père Goriot, Peau de chagrin, César Birotteau, Histoire des Treize, Médecin de campagne.

327. Balzac (H. de). Les fantaisies de Claudine. *Paris, Didier*, 1853. — Traité de la vie élégante. *Librairie nouvelle*, 1853. — Scènes de la vie politique. *Hachette*, 1853, 3 vol. in-18 broch., couv. conservées.

328. Balzac. Les contes drolatiques colligez ez abbayes de Touraine, 6e édition, illustrée de 425 dessins par G. Doré. *Paris, Garnier frères, s. d.*, in-8, demi-rel., dos et coins chag. rouge, n. rog.

329. Bernardin de Saint-Pierre. Paul et Virginie et la chaumière indienne. *Paris, Curmer*, 1839, in-8, fig., grav. sur acier et sur bois, broch., n. rog.

330. Bouilhet (Louis). Melœnis, conte romain. *Paris, M. Lévy*, 1857, in-12, demi-rel., v. fauve.

331. Bussy-Rabutin. Histoire amoureuse des Gaules, suivie de la France galante. *Paris*, 1857, 2 vol. in-12, demi-chag., pl. percal.

332. Cottin (Mme). Œuvres complètes : Amélie Mansfield, 2 vol. — Mathilde, 3 vol. — Claire d'Albe, 1 vol., ensemble 7 vol. in-32, fig., demi-v.

333. Fielding. Tom Jones. Histoire d'un enfant trouvé, trad. par Defauconpret. *Paris*, 1836, 2 vol. in-8, fig., demi-rel.

334. Th. Gautier. Le capitaine Fracasse. *Paris*, 1863, 2 vol. in-12, demi-chag.

335. Goldsmith. The vicar of Wakefield. *Paris*, 1822, in-32, portr., rel. v., tr. dor.

336. Hoffmann. Contes fantastiques illustrés par Gavarni. *Paris*, 1843, in-8, fig., demi-chag. bleu.

337. Hoffmann. Contes fantastiques, traduction nouvelle, précédés de souvenirs intimes sur la vie de l'auteur, par Christian, illustrés par Gavarni. *Paris, Lavigne*, 1843, in-8, fig. sur bois, demi-chag.

338. Hugo (Victor). Notre-Dame de Paris. *Paris, Renduel*, 1836, 3 vol. in-8, fig. grav., demi-rel.

339. Jacob (P. L.). Romans relatifs à l'hist. de France aux XVe et XVIe siècles. *Paris*, 1838, gr. in-8, demi-rel.

340. Le Sage. Œuvres *Paris*, *Renouard*, 1821, 12 vol. in-8, portr., demi-rel. chag.

341. La morale merveilleuse. Contes de tous les temps et de tous les pays. *Paris*, 1844, in-8, fig., demi-chag. La Vall.

342. Marguerite de Valois. Contes et nouvelles de la reine de Navarre. *Paris*, 1827, 5 vol. in-32, demi-rel.

343. Monselet. La cuisinière poétique, avec le concours de Méry, Dumas, de Banville, T. Gautier et autres. *Paris*, *M. Lévy*, *s. d.*, in-16, demi-rel., v. f.

344. Musset et Stahl. Voyage où il me plaira. Illustrations de Tony Johannot. *Paris*, *Hetzel*, 1843, in-8, demi-chag. n.

345. Rabelais. Œuvres. *Paris*, *Charpentier*, 1841, in-12, demi-rel. chag.

346. Rabelais. Œuvres. Édition variorum. *Paris*, *Dalibon*, 1823, 9 vol. in-8, fig., demi-chag.

347. Sand (Georges). Œuvres. *Paris*, 1843-1866, 6 vol. in-12, demi-rel. chag. bl.

Mauprat, Valentine, Horace, Maîtres sonneurs, Mademoiselle La Quintinie, Laurat.

348. Scarron. Le roman comique. *Paris*, 1825, 2 vol. in-8, portr., demi-rel., v. porph.

349. Schmid (Le chanoine). Contes, traduction de A. Cerfberr de Medelsheim, illustrations par Gavarni. *Paris*, *A. Royer*, 1843, in-8, fig., cart., tr. dor.

350. Sue (E.). Les mystères de Paris. *Paris*, 1843, 4 vol. gr. in-8, fig., demi-chag.

351. Swift. Voyages de Gulliver. *Paris*, *Fournier*, 1838, 2 vol. in-8, fig , demi-rel.

352. Tressan (Le comte de). Œuvres, précédées d'une notice biogr. par Campenon. *Paris*, *Nepveu*, 1823, 10 vol. in-8, portr., demi-rel.

353. Uzanne (O.). Correspondance de Madame Gourdan, dite la petite comtesse, pour servir à l'histoire des mœurs du siècle. *Bruxelles*, *Kistemaker*, 1883, in-8, pap. teinté, broch.

354. Vigny (de). A. Karr, A. Barbier et autres. Paris-Londres. Keepsake français. *Paris*, *Delloye*, in-8, gravures sur acier, demi-rel. v.

On a ajouté au volume l'ouvrage : L'Italie, la Sicile, Malte, la Grèce et la Turquie, souvenirs de voyage, par Giraudeau. *Paris*, 1835.

355. Walter Scott. Œuvres complètes. *Paris*, 1826, 80 vol. in-12, fig. et cartes, demi-rel. v.

Polygraphes.

356. Brantôme (Pierre de Bourdeille, abbé de). Œuvres complètes. Notices par A. Buchon. *Paris*, 1838, 2 vol. gr. in-8, demi-rel.

357. Cazotte. Œuvres, 1re édition. *Paris*, 1817, 4 vol. in-8, fig. et frontisp., demi-rel.

358. Delille. Œuvres. *Paris*, 1813-1820, 18 vol. in-8, fig., rel. v.

359. Desmoulins (Camille). Œuvres. *Paris*, 1838, 2 vol. in-8, portr., demi-chag.

360. Diderot. Œuvres. *Paris*, *Brière*, 1821, 22 vol. in-8, demi-chag. La Vall.

361. Ducis. Œuvres. *Paris*, 1819, 3 vol. in-8, 2 portr. et fig., rel. v.

362. Fargues. Musée littéraire et historique ou choix des meilleurs morceaux de la littérature et de l'histoire anciennes et modernes, publié par Fargues. *Paris*, 1841, in-8, portr., demi-chag. v.

363. Florian. Œuvres. *Paris*, *Briand*, 1820-1824, 13 vol. in-12, fig., rel. pl. en maroq. grain long, dos et plats orn., tr. dor.

364. Fontenelle. Œuvres. *Paris*, 1818, 3 vol. in-8, rel. v., tr. dor.

365. Hoffman (F.-B.). Œuvres. *Paris*, *Lefebvre*, 1828, 10 vol. in-8 broch.

366. Lafontaine. Œuvres complètes. Notice par M. Auger. *Paris*, 1826, in-8, fig., demi-rel.

367. Machiavelli. Œuvres complètes, avec notice biogr. de Buchon. *Paris*, 1837, 2 vol. gr. in 8, demi-chag. v.

368. Maistre (Joseph de). Œuvres, *Lyon*, *Pelagaud*, 1874, 8 vol. in-8 broch.

Les Soirées de Saint-Pétersbourg. — Examen de la philosophie de Bacon. — De l'Église gallicane. — Lettre sur l'Inquisition espagnole. — Du Pape. — Sur les délais de la justice divine dans la punition des coupables.

369. Marmontel. Œuvres posthumes. *Paris*, 1820, in-8, demi-chag.

370. Montesquieu. Œuvres complètes, publiées par L. Thiessé. *Paris*, *Pourrat*, 1839, 6 vol. in-8 broch.

371. Montesquieu. Œuvres. *Paris*, 1825, 2 vol. in-8, portr., demi-chag.

372. Rousseau (J.-J.). Œuvres. *Paris, Lefevre*, 1819, 22 vol. in-8, portr., demi-rel. chag.

372 *bis*. Rousseau (J.-B.). Œuvres. *Paris, Lefevre*, 1820, 5 vol. in-8, portr., demi-rel. chag.

373. Saint-Simon et Enfantin. Œuvres avec deux notices historiques. *Paris, Dentu*, 1865-1867, tomes I à XIII, 13 vol. in-8 broch.

374. Voltaire. Œuvres complètes. *Paris, Sautelet*, 1827, 6 vol. in-8, demi-chag.

Édition imprimée en caractères microscopiques.

HISTOIRE

Mélanges.

375. About. La question romaine, *Paris*, 1861, in-8 br.

376. Balbi (A.). Abrégé de géographie, édition revue par Chotard. *Paris, Loones*, 2 forts vol. in-8 broch.

377. Barthélemy. Voyage d'Anacharsis en Grèce. *Paris, Lequien*, 1822, 7 vol. in-8, port., et 1 atlas in-4 obl., demi-ch.

378. Bossuet. Discours sur l'histoire universelle, précédé d'une notice littéraire par M. Tissot. *Paris, Curmer, s. d.*, 2 vol. in-8, port. et fig., texte encadré, demi-rel. mar. La Vall., tr. ébarbées.

379. Bossuet. Discours sur l'histoire universelle. *Paris*, 1823, 3 vol. in-32, port., rel. v. porph., tr. dor.

379 *bis*. Burette. Histoire ancienne et du moyen âge. *Paris*, 1843, 6 vol. in-12 broch.

380. Cadalvenne (E. de). Recueil de médailles grecques inédites. *Paris, de Bure*, 1828, in-4 broch.

381. Depping. L'Angleterre ou description historique et topographique de la Grande-Bretagne. *Paris*, 1828, 6 vol. in-12, fig. et port., demi-rel.

382. Dictionnaire des dates, des faits, des lieux et des hommes historiques, par une société de savants et de gens de lettres, sous la direction de d'Harmonville. *Paris*, 1842, 2 vol. gr. in-8, demi-rel. v.

383. Russie. Essai sur l'histoire ancienne et moderne de la nouvelle Russie, avec cartes, vues, plans, etc. *Paris*, 1820, 3 vol. in-8, demi-rel.

384. Expilly. Dictionnaire géographique, historique et politique des Gaules et de la France, par l'abbé Expilly. *Paris*, 1762-1770, 6 vol. in-fol., v. m.

On joindra à ce numéro les fiches, au nombre d'environ vingt mille, formant la table des noms cités au cours des articles de ce dictionnaire estimé.

385. Farjasse. Rome. *Paris*, 1836, 2 parties en 1 vol. gr. in-8., demi-chag, nonmbreuses fig.

386. Gentleman. History of the piratical states of barbary Algiers, Tunis, Tripoli, Morocco. *London*, *Griffiths*, 1750, in-8, v. j.

387. Heeren. Manuel de l'histoire ancienne et moderne, trad. par Baron. *Bruxelles*, 1834, 5 vol. in-12 broch.

388. Joseph (Flavius). Œuvres complètes avec notice, par Buchon. *Paris*, 1840, gr. in-8, demi-rel.

389. Laborde (Léon). Voyage dans l'Arabie Pétrée. *Paris*, *Girard*, 1830, in-fol. max., nomb. pl., demi-rel. dos et coins m. rouge.

390. Lalanne (L.). Des pèlerinages en Terre-Sainte avant les croisades. *Paris*, *F. Didot*, 1845, in-8 broch., pap. vergé.

391. Lerminier. Au-delà du Rhin. La politique. — La science. *Bruxelles*, 1835, 2 vol. in-12 broch.

392. Letronne. Examen archéologique de ces deux questions : 1° La croix ansée égyptienne a-t-elle été employée par les chrétiens d'Égypte pour exprimer le monogramme du Christ ? 2° Retrouve-t-on ce symbole sur des monuments antiques étrangers à l'Égypte ? *Paris*, 1846, in-4 broch.

393. Maltebrun. Géographie universelle. *Paris*, *Furne*, 1842, 6 vol. gr. in-8, fig. sur acier, broch.

394. Mazois. Le Palais de Scaurus, ou description d'une maison romaine ; fragment d'un voyage fait à Rome vers la fin de la République, par Merovic, prince des Suèves (par F. Mazois, architecte), 2e édit. (précédée de la vie de Mazois, par Varcollier). *Paris, imp. Didot*, 1822, in-4, demi-rel. v.

395. Memorie storico-critiche interno la vita, traslazione e invenzioni di S. Marco evangelista, principale protettore di Venezia di Leonardo conte Manin. *In Venezia*, 1835, pet. in-fol., pl., cart., n. rog.

396. Moithey. Dictionnaire hydrographique de la France, dédié au Roi. *Paris, chez l'auteur*, 1787, in-8, demi-rel. v.

397. Napoléon III. Histoire de Jules César. *Paris*, 1865-1866, 2 vol. in-8 broch.

398. Numismata aerea selectiora Maximi moduli e museo Pisano olim Corrario animadversiones. *In monasterio benedicto-casinate apud J. Santinum, sumptibus societatis*, 1741, 5 vol. in-fol., nomb. pl. grav., rel. en vélin de Holl.
Mouillures.

399. Perrot (G.) Essais sur le droit public et privé de la république athénienne. *Paris*, 1867, in-8, cart., n. rog.

400. Polybe, Hérodien et Zozime, avec notice biogr. par Buchon. *Paris*, 1838, gr. in-8, demi-rel.

401. Reclus. Géographie universelle. *Paris, L. Hachette*, 1885, t. I à X, broch.

402. Robertson. Œuvres. *Paris*, 1840, 2 vol. in-8 broch.

403. Stanhope (Le colonel). Lettres sur la Grèce, trad. de l'anglais par A. Mielle. *Paris*, 1825, in-8, demi-rel.

404. Thucydide. Histoire de la guerre du Péloponnèse, traduction française (avec le texte grec en regard), par Amb. Firmin Didot. *Paris, Didot*, 1833, 4 vol. in-8 broch.

405. Vivien de Saint-Martin. Nouveau dictionnaire de géographie universelle, contenant la géographie physique, politique, économique, historique, l'ethnologie et la bibliographie. *Paris, Hachette*, 1877-1883, 20 liv. in-4 broch.

406. Vues du Rhin. *London*, 1832, in-8, fig., rel. v., fers à fr., tr. dor.

407. Wrangell. Le nord de la Sibérie. Voyage parmi les peuplades de la Russie Asiatique. *Paris*, 1843, 2 vol. in-8, demi-chag.

Histoire de France.

408. D'Abrantès (Duchesse). Histoire des salons de Paris, tableaux et portraits du grand monde. *Bruxelles*, 1838, 8 vol. in-12 broch.

409. Almanach royal. Les années 1728, 1776, 1778, 1782, 1784, 1785 et 1786. 7 vol. rel., dont 1 broch.

410. Annuaire des sociétés savantes de la France et de l'étranger, publié sous les auspices du ministère de l'instruction publique. 1re année, 1846, 1 vol. gr. in-8 br.

411. Annuaire militaire ou de l'armée française. 18 vol. in-12 br.

412. Anquetil. Histoire de France, édit. continuée par Théodose Burette. *Paris*, 1839, 4 vol. in-8, port., broch.

413. Anquetil. Histoire de France, illustrée de 260 fig. *Paris*, 1865, 2 vol. in-4, demi-rel.

414. Les antiquitez et recherches des villes, chasteaux et places les plus remarquables de toute la France, selon l'ordre et ressort des huict parlemens. *Paris*, *Alazart*, 1629, in-8, rel. v.

415. Barante (De). Des communes et de l'aristocratie. *Paris*, *Ladvocat*, 1829, in-8 br.

416. Barginet. Histoire du gouvernement féodal. *Paris*, 1825, in-12, demi-rel. v.

417. Barrère de Vieuzac. Le point du jour, ou résultat de ce qui s'est passé la veille à l'assemblée nationale. *Paris*, *Cussac*, 1789 1791, 26 vol. in-8, demi-rel. bas.

418. Bazin. Histoire de Louis XIII et du cardinal Mazarin. *Paris*, 1846, 4 vol. in-12 broch.

419. Beaufort (M. de). Recueil concernant le tribunal de nos-seigneurs les maréchaux de France. *Paris*, 1784, 2 vol. in-8 broch.

420. Berlier. Précis historique de l'ancienne Gaule, ou recherches sur l'état des Gaules avant les conquêtes de César. *Bruxelles*, *Hayez*, 1822, in-8 broch.

421. Bernard de Girard, seigneur du Haillan. L'histoire de France revue et augmentée. *Paris*, *Sonnius*, 1585, 2 vol. in-12, couv. en parch.

422. Bourienne (De). Mémoires sur Napoléon, le Consulat, l'Empire et la Restauration. *Paris*, *Ladvocat*, 1829, 8 vol. in-8, demi-chag. v.

423. Buchez et Roux. Histoire parlementaire de la révolution française, ou Journal des assemblées nationales depuis 1789 jusqu'en 1815, par Buchez et Roux. *Paris*, *Paulin*, 1835-1838, 40 vol. in-8 broch.

424. Burette. Histoire de France. *Paris*, 1842, 2 vol. gr. in-8, fig., cart.

425. Capefigue. Richelieu, Mazarin, la Fronde et le règne de Louis XIV, par M. Capefigue. *Paris*, *Dufey*, 1835, 1836, 8 vol. in-8 broch.

426. Challamel. Histoire. — Musée de la République française. *Paris*, *Havard*, 1858, 2 vol. in-8, fig., demi-bas.

427. Chamilly (La vicomtesse de). Scènes contemporaines et scènes historiques. *Paris*, 1830, 2 vol. in-8, demi-chag.

428. Chroniques pittoresques et critiques de l'Œil-de-Bœuf, par la comtesse douairière de B***. Publiées par Touchard-Lafosse. *Paris*, 1845, 4 vol. in-12, demi-chag.

429. Clément (Pierre). Jacques Cœur et Charles VII. *Paris*, 1853, 2 vol. in-8, demi-rel. bas.

430. Clément (Pierre). Histoire de Colbert et de son administration. *Paris*, 1874, 2 vol. in-8, demi-rel. chag. vert.

431. Chroniques et mémoires relatifs à l'histoire de France, publiés par Buchon. *Paris*, 1835-1840, 8 vol. gr. in-8 br.

Comines, Jacques du Clercq, Bayard, le Loyal Serviteur, Mathieu de Coucy, Pierre de la Place, Palma Cayet, le Président Jeannin, Mémoires du duc d'Angoulême, etc.

432. D'Ault-Dumesnil. Dictionnaire des croisades. *Paris, Migne*, 1852, in-4 broch.

433. Davila. Histoire des guerres civiles de France sous François II, Charles IX et Henri III et IV, par Davila, trad. par l'abbé M*** (Mallet et Grosley). *Amsterdam*, 1757, 3 vol. in-4, v.

434. Décembre-Allonnier. Histoire des conseils de guerre de 1852, ou précis des évènements survenus dans les départements à la suite du coup d'Etat de décembre 1851, par les auteurs du dictionnaire de la Révolution Française. *Paris*, 1869, in-12 br.

435. Deloche (M.). La Trustis et l'antrustion royal sous les deux premières races. *Paris, Imp. Nat.*, 1873, in-8 broch.

436. Desjardins. Géographie historique et administrative de la Gaule romaine, par Ernest Desjardins de l'Institut. *Paris*, 1876-1878, tomes I et II, gr. in-8, cartes, broch.

437. Desmarest. Témoignages historiques, ou quinze ans de haute police sous Napoléon. *Paris*, 1833, in-8, demi-chag.

437 *bis*. Dictionnaire archéologique de la Gaule, époque celtique, publiée par la commission instituée au Ministère de l'Instruction publique, d'après les ordres de l'empereur. *Paris, Imp. imp.*, 1869, in-4 cart., Les feuilles 1 à 43 avec 41 pl. de médailles et d'antiquités.

438. Dictionnaire des abbayes et monastères ou histoire des établissements religieux. *Paris, Migne*, 1856, in-4 br.

439. Dictionnaire des braves et des non-girouettes, par une Société de non-girouettes. *Paris*, 1816, in-8, frontisp. gr., br.

440. Dulaure. Esquisses historiques des principaux événements de la Révolution Française. *Paris, Baudoin*, 1823, 6 vol. in-8, fig., demi-chag.

441. Dupleix (Scipion). Mémoires des Gaules depuis le déluge jusques a l'establissement de la monarchie françoise, par Scipion Dupleix. *Paris, Sonnius*, 1639, in-fol. v.

Exemplaire offert par Mgr de Paris, évèque d'Orléans, avec les armes sur les plats.

442. Du Sommerard (E.). Les monuments historiques de France à l'Exposition universelle de Vienne. *Paris, Imp. Nat.*, 1876, in-4 broch.

443. Franklin (A.). Les sources de l'histoire de France. Notices bibliographiques et analytiques des inventaires et des recueils de documents relatifs à l'histoire de France. *Paris, Didot*, 1877, gr. in-8 broch.

444. Fritsch (Eugène, dit Lang). Patria. *Paris*, 1875, in-8 br., portr.

445. Froissard (Jean). Chroniques. *Paris, Desrez*, 1835, 3 vol. gr. in-8, demi-rel.

446. Girault de Saint-Fargeau. Bibliographie historique et topographique de la France. *Paris*, 1845, in-8 br.

447. Goulart (Simon). Mémoires de la Ligue, contenant les événements les plus remarquables depuis 1576 jusqu'en 1598. *Amsterdam, Arkstée et Merkus*, 1758, 6 vol. in-4, m. vert, tr. dor. (*anc. rel.*).

Le tome 1er est en bas. m.

448. Grégoire de Tours. Sancti Georgii florentii Gregorii, episcopi Turonensis, epitome et chronicum, opera et studio T. Ruinart. *Luteciæ-Parisiorum*, 1699, in-fol. v. br.

449. Guigard. Indicateur du mercure de France, 1672-1789. *Paris, Bachelin-Deflorenne*, 1869, in-8 br.

450. Guizot. Histoire de la civilisation en Europe et en France. *Paris*, 1840, 5 vol. in-8 broch.

451. Hardouin de Pérefixe. Histoire du roi Henri-le-Grand. *Paris*, 1822, gr. in-8, port., v. ant.

452. Histoire de la Révolution de 1848. *Bordeaux*, 1849, 2 vol. in-8 broch.

453. Hocquart. Les hommes politiques du jour jugés d'après Lavater, avec un précis de la science physiognomonique. *Paris, A. Royer*, 1843, pet. in-8, fig. grav. sur bois, br.

454. Labbé (le R. P. Philippe), jésuite. Pouillié royal, contenant les bénéfices appartenans à la nomination ou collation du roy. *Paris, Gervais Alliot*, 1648, in-4, demi-rel. bas.

455. Lacroix (P.). Directoire, Consulat et Empire. *Paris, Didot*, 1884, gr. in-8, fig. en chromol. et sur bois, broch.

456. Lamartine (A. de). Histoire des Girondins. *Paris, Furne*, 1847, 8 vol. in-8 broch.

457. Lamothe-Langon. Mémoires et souvenirs d'une dame de qualité sur le Consulat et l'Empire. *Paris, Mame*, 1830, 4 vol. in-8 cart.

458. Las Cases. Mémorial de Sainte-Hélène. *Paris*, 1823-1824, 9 vol. in-8, demi-chag.

459. Laval (Le frère J. de). Histoire des troubles advenus en France et autres pays, 1409-1572. *Paris, s. d.*, in-8 parch.

460. Lavallée. Histoire des Français depuis les Gaulois jusqu'en 1830. *Paris*, 1845, 2 vol. gr. in-8, portr., demi-rel. chag.

461. Lavallée. Histoire des Français. *Paris*, 1845, 4 vol. in-12, broch.

462. L'Estoile (P. de). Mémoires journaux de Pierre de l'Estoile. *Paris, Jouaust*, 1875-1879, tomes I à VI, in-8, pap. vergé, broch.

463. Livet. La Muze historique, édition publiée par Ch. Livet. *Paris, Jannet*, 1857. *Daffis*, 1878, 4 vol. in-8, pap. vergé, broch.

464. Marinière (sieur de La). Estat général des officiers, domestiques et commençaux de la maison du roy. *Paris, Langelier*, 1660, in-8 parch.

465. Mercure François. IIIe tome divisé en deux livres. *Cologne*, 1617, in-8 parch.

466. Métra. Correspondance secrète, politique et littéraire, ou mémoires pour servir à l'histoire des cours, des sociétés et de la littérature en France depuis la mort de Louis XV. *Londres, John Adamson*, 1787-1788, 12 vol. in-12, v. m.

Exemplaire portant l'*ex-libris* de M. l'abbé Pascal, bibliothécaire du duc de Penthièvre.

467. Montgaillard. Histoire de France. *Paris, Moutardier*, 1827, 9 vol. in-8, portr., demi-rel. chag.

468. Napoléon III. Œuvres. *Paris, Amyot*, 1854, 4 vol. in-8 broch.

469. Paris (L.). Négociations, lettres et pièces diverses relatives au règne de François II, tirées du portefeuille de Sébastien de L'Aubespine, évêque de Limoges. *Paris, Imp. Royale*, 1841, in-4 broch.

470. Peigné Delacourt. Technologie archéologique. *Péronne*, 1873, in-8 br.

471. Peignot (Gabriel). Documens authentiques et détails curieux sur les dépenses de Louis XIV en bâtimens et châteaux royaux. *Paris, Renouard*, 1827, in-8, port. gravé, demi-chag.

472. Pinard. Chronologie historique militaire, contenant l'histoire de la création de toutes les charges, dignités et grades militaires supérieurs, etc. *Paris, Hérissant*, 1760-1764, 7 vol. in-4, demi-rel., n. rog.

La marge supérieure des tomes 6 et 7 est pourrie par l'humidité.

473. Plutarque (Le) Français. Vies des hommes et des femmes illustres de la France, depuis le Ve siècle jusqu'à nos jours. *Paris*, 1844, gr. in-8, portraits et frontisp., cart. tr. dor.

474. Portraits des rois de France, depuis Pharamond jusqu'à S. M. Louis XVIII, accompagnés d'un texte contenant les principaux traits de l'histoire. *Paris*, *s. d.*, in-8, frontisp., demi-rel. v.

475. Poujoulat. Histoire de la Révolution Française. *Tours*, 1860, in-8, pl. grav. sur acier, demi-chag. rouge, tr. dor.

476. Rapetti. La défection de Marmont en 1814. *Paris*, *Poulet-Malassis*, 1858, in-8, demi-rel.

477. Recueil des historiens des Croisades, publié par les soins de l'Académie royale des inscriptions et belles-lettres. Historiens occidentaux. *Paris*, *Imp. Royale*, 1844, tome Ier en deux parties, in-fol. broch.

478. Recueil des historiens des Gaules et de la France, t. XXI, publié par Guigniaut et de Wailly. *Paris*, *Imp. Impériale*, 1855, in-fol. demi-rel.

Les 40 derniers feuillets sont tachés d'humidité.

479. Réveil. L'empereur Napoléon, tableaux et récits des batailles, combats, actions et faits militaires des armées sous leur immortel général, 90 gravures par Réveil, d'après les peintures du musée de Versailles. *Paris*, 1837, in-12 cart.

480. Robespierre. Mémoires authentiques. *Paris*, 1830, 2 vol. in-8, port., cart.

481. Robin (Ch.). Anquetil. Histoire de France. Nouvelle édit. continuée par Burette jusqu'en 1830 et par Ch. Robin jusqu'à nos jours. *Paris*, *s. d.*, 8 vol. gr. in-8, demi-chag., fig. et portr. color.

482. Rothschild (James de). Les continuateurs de Loret. *Paris*, *Morgand*, 1881-1883, 2 vol. in-8, pap. vergé br.

483. Ruelle. Bibliographie générale des Gaules, 1re et 2e livraisons. *Paris*, *Dumoulin*, 1880, 2 vol. in-8 br.

484. Sainte-Aulaire. Histoire de la Fronde. *Paris*, *Baudouin*, 1827, 3 vol. in-8 br.

485. Saulcy (de). Numismatique des Croisades. *Paris*, *Rollin*, 1847, in-4, pl., br.

486. Sue (E.). Histoire de la marine française. *Paris*, 1835, 5 vol. in-8, fig., demi-chag.

487. Ténot. Paris en décembre 1851. Étude historique sur le coup d'État. — La province en décembre 1851. *Paris*, *Le Chevalier*, 1868, 2 vol. in-8 br.

488. Ténot et Dubost. Les suspects en 1858. Étude historique sur l'application de la loi de sûreté générale. *Paris, Le Chevalier*, 1869, in-8 br.

489. Thiers. Le consulat et l'empire. *Paris*, 1845-1862, 20 vol. in-8, cart.

PROVINCES

Beauce. — Orléanais. — Blaisois.

490. Album archéologique de l'église abbatiale de Saint-Benoît-sur-Loire, de l'église de Germigny-des-Prés, des châteaux de Sully et de Châteauneuf, avec un texte historique, par Edouard Fournier. *Orléans, s. d.*, pet. in-fol. broch.

491. Beauvais de Préau. Essais historiques sur Orléans. *Orléans, Couret de Villeneuve*, 1778, pet. in-8.

492. Bellu (L'abbé). Les archives de la charité. *Orléans*, gr. in-8, fig., broch.

493. Berton (L'abbé). Courtenay et ses seigneurs, notes historiques. *Montargis*, 1877, gr. in-8, broch.

494. Bimbenet. Histoire de la ville d'Orléans. *Orléans, H. Herluison*, 1884, gr. in-8 broch.

495. Boulainvilliers (Comte de). La généralité d'Orléans, mémoire dressé pour Mgr le duc de Bourgogne. *Orléans*, 1867, in-4 broch.

496. Brainne. Les hommes illustres de l'Orléanais, par Brainne, Debarbouiller, Lapierre. *Orléans*, 1852, 2 vol. in-8 broch.

497. Buzonnière (De). Histoire architecturale de la ville d'Orléans. *Paris, Didron*, 1849, 2 vol. in-8 broch.

498. Certain (De). Les miracles de saint Benoît, écrits par Adreval, Aimoin, André-Raoul Tortaire et Hugues de Sainte-Marie, moines de Fleury, publiés par E. de Certain. *Paris, Renouard*, 1858, in-8 broch.

499. Chevard. Histoire de Chartres et de l'ancien pays chartrain. *Chartres, Durand-Le Tellier, an* x, 2 vol. in-8 rel.

500. Doinel et Maupré. Inventaire sommaire des archives départementales du Loiret antérieures à 1790 (Série A), tome Ier. *Orléans*, 1878, in-4 br.

501. Doyen. Histoire de la ville de Chartres, du pays chartrain et de la Beauce. *Chartres, Deshayes*, 1786, 2 vol. in-8, demi-rel.

502. Foulques de Villaret. Les antiquités de Saint-Paul d'Orléans. *Orléans, H. Herluison,* 1884, in-8, fig., broch.

503. Foulques de Villaret. Recherches historiques sur l'ancien chapitre de l'Église d'Orléans. *Orléans,* 1882, gr. in-8 br.

504. Frémont. Recherches historiques sur Pothier. *Orléans,* 1859, gr. in-8, port. et fac-simile broch.

505. Gallia christiana. *Parisiis, typ. Regia,* 1744, 2 vol. in-fol. v.

Tomes 7 et 8 contenant le diocèse de Paris et ses suffragants : Orléans, etc.

506. Gouverneur (A.). Essais historiques sur le Perche. *Nogent-le-Rotrou, Daupeley,* 1882, gr. in-8, pl., br.

506 *bis.* Guillard. Sennely et son ancien prieuré. *Orléans,* 1879, in-8 broch.

507. Guyon. Histoire de l'église et diocèse, ville et université d'Orléans, par M. Symphorien Guyon, orléanois. *Orléans, Maria Paris,* 1647, in-fol. bas.

508. Jollois. Antiquités du grand cimetière d'Orléans. — Monuments anciens et modernes érigés en France à la mémoire de Jeanne d'Arc, dessins lith. par Pensée. *Orléans,* 1834, 2 part. en 1 vol. in-4, planches, demi-rel. chag. vert.

509. Jollois. Atlas des plans, carte et dessin figurés pour servir à l'histoire du siège d'Orléans en 1428. *Orléans, s. d.,* pet. in-fol. broch.

510. Jarry (L.). Histoire de l'abbaye de La Cour-Dieu. *Orléans, H. Herluison,* 1864, in-8, fig., broch.

511. La Saussaye. Annales ecclesiæ aurelianensis, auctore C. Sausseyo. *Parisiis, Drouart,* 1615, in-4 v.

512. La Saussaye. Le château de Chambord, 10e édition. *Blois,* 1865, pet. in-8, pap. teinté, fig., broch.

513. La Saussaye. Blois et ses environs, guide artistique et historique dans le Blésois et le nord de la Touraine, 5e édition. *Blois,* 1873, in-12, fig., broch.

514. Lemaire (François). Histoire et antiquités de la ville et duché d'Orléans. *Orléans, Maria Paris,* 1646, in-4 v.

515. Lemaire. Histoire et antiquitez de la ville d'Orléans, par François Lemaire. *Orléans, Maria Paris,* 1648, in-fol.

516. Lemolt-Phalary. Orléans, album-guide, ou Orléans au point de vue de ses monuments anciens et modernes. *Orléans, J. Garnier,* 1843, in-4 broch.

517. Lottin. Recherches historiques sur la ville d'Orléans, depuis Aurélien jusqu'en 1830. *Orléans*, 1836-1845, 8 vol. in-8, fig., broch.

518. Luchet (Marquis de). Histoire de l'Orléanais. Tome Ier, seul publié. *Paris*, *Gueffier*, 1766, in-4, demi-rel. v. f.

519. Maulde (De). Étude sur la condition forestière de l'Orléanais au moyen âge et à la renaissance. *Orléans*, *H. Herluison*, 1871, gr. in-8 broch.

520. Mémoires de la Société archéologique de l'Orléanais. 4 vol. in-8 broch.

521. Merlet (L.). Bibliothèque chartraine antérieure au XIXe siècle. *Orléans*, *H. Herluison*, 1882, gr. in-8 br.

522. Michel (E.). Le baron de Girardot, archéologue. *Orléans*, 1883, in-8 br.

523. Michel (E.). La ville de Blois et ses environs, petit guide complet de l'étranger, avec fig. sur bois. *Orléans*, 1884, in-16, pap. teinté, broch.

524. Michel (E.). Petit Guide de l'étranger dans Orléans. *Orléans*, 1884, in-16 broch.

525. Michel (E.). Inscriptions de l'ancien diocèse d'Orléans, archidiaconé d'Orléans. *Orléans*, *H. Herluison*, 1885, in-4, pl., broch.

Tiré à 150 exemplaires.

526. Moithey. Recherches historiques sur la ville d'Orléans, avec le plan assujetti à ses accroissements et embellissements, dédié à S. A. S. Mgr le duc d'Orléans. *Paris*, *Mérigot*, 1775, in-4, plan d'Orléans gravé, broch.

527. Murs (O. des). Histoire des comtes du Perche, de la famille des Rotrou. *Nogent-le-Rotrou*, *Gouverneur*, 1856, in-8, fig., broch.

528. L'origine de la ville d'Orléans, ses singularitez et mœurs de ses habitans avec son triomphe par celuy de la magnifique entrée de messire Pierre du Cambout de Coislin, son evesque. *Orléans*, *H. Herluison*, 1859, pet. in-8 broch.

529. Patay. Les enseignes, emblèmes et inscriptions du vieil Orléans, avec 16 planches dessinées et gravées à l'eau-forte par E. Davoust. *Orléans*, *H. Herluison*, 1878, gr. in-4, pl., broch.

530. Patron. Recherches historiques sur l'Orléanais, par l'abbé Patron. *Orléans*, 1871, 2 vol. in-8 broch.

531. Philippon de La Madelaine. L'Orléanais, histoire des ducs et du duché d'Orléans. *Paris*, *Mallet*, 1845, in-8, fig., demi-rel. v. v.

532. Rocher (L'abbé). Histoire de l'abbaye royale de Saint-Benoît-sur-Loire. *Orléans*, 1865, in-8, avec 21 planches, broch.

533. Tableau général de la noblesse des bailliages de Blois et de Romorantin. *Paris*, *Aubry*, 1863, gr. in-8 broch.

534. Thiers (J.-B.). Dissertation sur la Sainte-Larme de Vendôme. *Paris*, *veuve Thiboust*, 1689, in-12, v. b.

535. Vassal (De). Légendes de l'Orléanais. *Orléans*, 1846, in-8 broch.

536. Vauzelles (De). Histoire du prieuré de La Magdeleine-lez-Orléans de l'ordre de Fontevraud. *Orléans*, 1873, in-8, fig., pap. teinté, broch.

537. Vergnaud-Romagnési. Album du département du Loiret. *Orléans*, 1826, in-fol., pl.

Champagne. — Gâtinais. — Sénonais. — Hurepoix, etc.

538. Allou (A.). Chronique des évêques de Meaux, suivie d'un état de l'ancien diocèse et du diocèse actuel. *Meaux*, *A. Cochet*, 1876, in-8 broch.

539. Aufauve (A.) et Charles Fichot. Les monuments de Seine-et-Marne, description historique et archéologique, et reproduction des édifices religieux, militaires et civils du département. *Paris*, *publié par les auteurs*, 1858, in-fol., nomb. pl. lith., demi-rel. chag. rouge, n. rog.

540. Bellier de La Chavignerie (E.). Chronique de La Chapelle-la-Reine. *Fontainebleau*, *Jacquin*, 1851, broch. in-8.

541. Bellier de La Chavignerie. Chroniques de Saint-Mathurin de Larchant en Gastinois, avec une eau-forte, par Jules de Goncourt. *Pithiviers*, *Chenu*, 1863, pet. in-8 broch.

542. Beraud. Histoire des comtes de Champagne et de la Brie. *Paris*, 1842, 2 vol. in-8 broch.

543. Boutiot et Socard. Dictionnaire topographique du département de l'Aube. *Paris*, *Imp. Nat.*, 1874, in-4 broch.

544. Bourgeois. Histoire du château de Brugny (Marne), depuis le XVe siècle jusqu'à nos jours. *Châlons-sur-Marne*, 1883, gr. in-8, pl., br.

545. Brullée. Histoire de l'abbaye royale de Sainte-Colombe-lez-Sens. *Sens*, *Duchemin*, 1852, in-8 br.

546. Carte des canaux d'Orléans, de Briare et de Loing, gravées par les ordres de S. A. S. Mgr le duc d'Orléans. *S. l. n. d.*, in-fol., contenant 22 cartes gravées par Lattré et un frontispice, n. rel.

547. Champollion-Figeac. Notice des fouilles faites d'après l'ordre de l'empereur en 1860, dans le cimetière gaulois de Cely. *Paris, Didot*, 1861, in-8 br., pl.

548. Doigneau-Nemours. Temps géologiques, préhistoriques et historiques. *Paris, Garcet*, 1884, gr. in-8 broch.

549. Delettre (A.). Histoire de la province du Montois, compris dans les cantons de Bray, Donnemarie, Provins et Nangis. *Nogent-sur-Seine*, 1850-1858, 2 vol. in-8 broch.

550. Denis. Essai sur Pecy, commune de Nangis, et sur la seigneurie de Beaulieu. *Meaux, Le Blondel*, 1863, in-8 br.

551. Dufour. Relation du siège de Corbeil en 1590, traduite du jésuite Dondini. *Fontainebleau, Bourges*, 1886, in-8, pl., broch.

552. Duru. Bibliothèque historique de l'Yonne, collection des légendes, chroniques et documents divers publiée par l'abbé Duru. *Auxerre, Perriquet*, 1850-1863, 2 vol. in-4 br.

553. Grésy (Eugène). Notice sur l'abbaye de Preuilly (Seine-et-Marne). *Paris, Lahure*, 1857, pap. vergé, in-8 broch.

554. Julliot. Chronique de l'abbaye de Saint-Pierre-le-Vif de Sens, rédigée vers la fin du XIIIe siècle, par Geoffroy de Courson. *Sens, Duchemin*, 1876, in-8 broch.

555. Larcher de Lavernade. Histoire de la ville de Sens. *Sens, Gallot*, 1845, in-8 br.

556. Lebeuf. Mémoires concernant l'histoire civile et ecclésiastique d'Auxerre et de son ancien diocèse, par l'abbé Lebeuf, avec la continuation par Challe et Quantin. *Auxerre, Perriquet*, 1848-1855, 4 vol. in-8, demi-rel.

557. Lecoy de La Marche. Les coutumes et péages de Sens au XIIIe siècle. *Paris*, 1866, gr. in-8 br.

558. Leroy (G.). Melun sous Henry IV, 1866. — Une excursion à Chaumes-en-Brie, 1867. — Les livres de l'abbaye du Jard au XIIIe siècle. *Meaux*, 1874, 3 broch. in-8.

Tiré à 75 exemplaires.

559. Michel (E.). Monuments religieux, civils et militaires du Gâtinais, depuis le XIe jusqu'au XVIIe siècle. *Lyon*, 1877, in-4, cont. 107 planches.

560. Michel (E.). L'Orléanais pittoresque et monumental. — Les bords du Loing, avec planches gravées à l'eau-forte par P. Fouché. *Orléans, H. Herluison*, 1885, 3 liv. in-fol.

561. Morin (Dom). Histoire du Gastinois, par dom Morin. *Pithiviers*, 1883, 2 vol. in-4 br.

562. Pascal (Docteur). Histoire topographique, politique, physique et statistique du département de Seine-et-Marne. *Corbeil et Melun, s. d.*, 2 vol. in-8, cart., broch.

563. Pougeois. L'antique et royale cité de Moret-sur-Loing. *Paris*, 1875, in-8 broch.

564. Quantin. Dictionnaire topographique du département de l'Yonne, comprenant les noms de lieu anciens et modernes. *Paris, Imp. Impériale*, 1862, broch. in-4.

565. Quantin. Recherches sur la géographie et la topographie de la cité d'Auxerre et du pays de Sens. *Auxerre, imp. Perriquet et Rouillé*, 1858, in-4 broch., pl.

566. Quesvers (P.). Le château de Montereau-Fault-Yonne. *Arcis-sur-Aube, L. Frémont*, 1877. — Description de la fête donnée par la Société populaire à l'occasion de la première décade. *Montereau-Fault-Yonne, L. Pardé*, 1884. — 2 broch. gr. in-8, pap. vergé.

567. Raulin. Statistique géologique du département de l'Yonne. *Auxerre, Perriquet*, 1858, fort vol. in-8, cart., broch.

568. Rouillard (Sébastien). Histoire de Melun, contenant plusieurs raretez notables et non descouvertes en l'histoire générale de France. *Paris, G. Loyson*, 1628, in-4, port., et *ex libris* de Chassebras, grav., demi-rel.

569. Roy. Le ban et l'arrière-ban du bailliage de Sens. *Sens, Duchemin*, 1885, in-8 broch.

570. Sens. Recueil des statuts synodaux du diocèse de Sens. *Sens, Cl.-A. Prussurot et L. Raveneau*, 1693, pet. in-8, v. j.

571. Tarbé. Recherches sur la ville de Sens. *Sens*, 1838, in-12 broch.

PROVINCES DIVERSES

572. Abraham (Tancrède). Angers et ses environs, album de gravures à l'eau-forte, texte par le comte de Falloux, dom Piolin, Guy de Charnacé, Gaudard-Fautrier, H. Jouin, E. Poitou et autres. *Château-Gontier, J.-B. Bezier*, 1876, pet. in-fol., pap. vergé, planches à l'eau-forte, broch.

573. Andréossy. Histoire du canal du Midi ou du Languedoc. *Paris, Crapelet*, 1804, 2 vol. in-4, port. et pl., demi-rel.

574. Annales historiques de la ville et Comté-Pairie de Châlons-sur-Marne. *Châlons, Seneuze,* 1788, in-8, demi-rel.

575. Barthélemy (A. de). Le château de Corlay (Côtes-du-Nord). *Paris, Aubry,* 1865, in-8 broch., avec une eau-forte de Dardel.

576. Bernier. Le château de Pierrefonds (1594). *Paris,* 1837, 2 vol. in-8, demi-rel.

577. Breviarium metropolitanæ ac Primatialis ecclesiæ Senonensis. *Senonis, A. Jannot,* 1726, 4 vol. in-8, mar. noir jas., fers sur les plats, tr. dor. (*Anc. rel.*)

578. Canal maritime de la Seine. Rapports et tarifs. *Paris, Didot,* 1827, 2 vol. in-fol. cart.

579. Carré de Busserolle. Dictionnaire géographique, historique et biographique d'Indre-et-Loire et de l'ancienne province de Touraine. *Tours,* 1878-1880, 3 vol. in-8 broch.

580. Cartulaire des abbayes de Saint-Pierre-de-la-Couture publié par les bénédictins de Solesmes. *Le Mans, Monnoyer* 1881, in-4, fig., pap. vergé, broch.

581. Catalogue du musée lapidaire de La Porte-du-Croux. *Nevers,* 1873, in-8 broch.

582. Charles. Histoire de La Ferté-Bernard. *Mamers,* 1878, gr. in-8, fig.

583. Clérisseau et Legrand. Antiquités de la France. Monuments de Nismes. 1 vol. de texte et 1 vol. de planches. *Paris, P. Didot,* 1804, 2 vol. in-fol. max., cart.

584. Courtet. Dictionnaire des communes du département de Vaucluse. *Avignon, Bornet,* 1857, in-8 broch.

585. Ducis. Annecy et les ducs de Genevois et de Nemours, 2e partie. *Annecy, Abry,* 1883, in-8 broch.

586. Félibien. Histoire de la ville de Paris. *Paris,* 1725, 5 vol. in-fol., fig. et frontisp. grav., rel. v.

587. Fétu. Monographie du Palais-de-Justice de Dijon. *Dijon, Marchand,* 1872, in-4 broch.

588. Frossard. Les Vaudois de Provence. *Avignon, Bonnet,* 1848, in-8 broch.

589. Gadebled. Dictionnaire topographique, statistique et historique du département de l'Eure. *Evreux, Canu,* 1840, in-12 broch.

590. Germer-Durand. Dictionnaire topographique du département du Gard. *Paris, Imp. Impériale,* 1868, in-4 broch.

591. Girard de Vezenohe. Nogent-sur-Marne. *Clermont (Oise),* 1878, in-8 broch.

592. Girardot (Baron de). Cimetière gallo-romain de Seraincourt à Bourges. 7 planches et 1 ff. de texte in-fol.

593. Guérinière. Histoire du Poitou. *Poitiers, Fradet*, 1838, 2 vol. in-8 broch.

594. Histoire de la ville de Sancerre. *Cosne, Gourdet*, 1826, in-12, fig., broch.

595. Le Blant (Edmond). Étude sur les sarcophages chrétiens antiques de la ville d'Arles, dessins de M. Pierre Fritel. *Paris, Imp. Nat.*, 1878, in-fol., pl., cart.

596. Lepinois (E. de). Histoire de la ville et des sires de Coucy. *Paris*, 1859, in-8, fig., broch.

597. Lespinasse (René de). Hervé de Donzy, comte de Nevers. *Nevers, Fay*, 1868, in-8 broch.

598. Lespinasse (René de). Registre-Terrier de l'évêché de Nevers, rédigé en 1287. *Nevers, Fay*, 1869, gr. in-8 br.

599. Liénard. Dictionnaire topographique du département de la Meuse. *Paris, Imp. Nationale*, 1872, in-4 broch.

600. Lorain. Essai historique sur l'abbaye de Cluny. *Dijon*, 1839, in-8, planches, broch.

601. Maltebrun. Histoire de Marcoussis, de ses seigneurs et de son monastère. *Paris, Aubry*, 1867, pet. in-8, fig. et carte broch.

602. Marionneau (Ch.). Collection archéologique du canton de Vertou (Loire-Inférieure). *Nantes, Forest*, 1877, gr. in-8, pl. broch.

L'un des 25 exemplaires sur papier vergé.

603. Marmier. Nouveaux souvenirs de voyage. Franche-Comté. *Paris, Charpentier*, 1845, in-12, demi-chag. vert.

604. Marquis (L.). Étampes et ses environs. *Orléans, H. Herluison*, 1881, in-8, pl., broch.

605. Menault. Angerville-la-Gate, village royal. *Paris, Aubry*, 1859, in-8, demi-rel. veau fauve.

Envoi autographe au duc de Persigny.

606. Notice sur la Sainte-Baume, in-fol., avec 10 pl. lith.

607. Oudiette. Dictionnaire topographique des environs de Paris. *Paris*, 1817, in-8 br.

608. Paris dans sa splendeur. Monuments, vues, sites, scènes historiques. *Nantes, H. Charpentier*, 1861, 3 vol. in-fol., 50 pl. lith., demi-chag. pl. perc., tr. dor.

609. Roger, Dusevel et autres. Bibliothèque historique de la Picardie et de l'Artois. *Amiens*, 1844, gr. in-8., pl. lith., broch.

610. Les sanctuaires du diocèse de Saint-Claude, leur histoire et leur pèlerinage en 1873. *Grenoble*, 1874, in-12 broch.

611. Soultrait (Le comte de). Répertoire archéologique du département de la Nièvre. *Paris, Imp. Nationale*, 1875, in-4 broch.

612. Thomas. Dictionnaire du département de l'Hérault. *Paris, Imp. Impériale*, 1865, in-4 broch.

612 *bis*. Vinchant (François), Annales de la province et du comté de Hainaut, depuis l'entrée de Jules César jusqu'à la mort de la reine Isabelle. *Bruxelles, Vandalle ; Mons, Hoyois*, 1848-1854, 6 vol. gr. in-8 broch.

Exemplaire en grand papier de Hollande.

613. Vital de Valous. Les origines des familles consulaires de la ville de Lyon. *Lyon, Brun*, 1863, gr. in-8 br.

Chevalerie. — Noblesse. — Blason.

614. Aimé (B. d'Aignières). Armorial spécial de France, généalogies historiques des familles nobles et titrées. *Paris, J. Claye*, 1877, gr. in-8, blasons gravés, broch.

615. Anselme (Le R. P.). Histoire généalogique et chronologique de la maison royale de France, des pairs grands officiers de la couronne et de la maison du roy, édition revue par M. Potier de Courcy. *Paris, Didot*, 1868-1870, tome IV en 3 vol. pet. in-fol., broch.

616. Armorial de France de la fin du XIVe siècle, publié d'après un manuscrit de la Bibliothèque Impériale et annoté par Douet-Darcq. *Paris*, 1861, in-8 broch.

617. Armorial général de France de d'Hozier. Généralité de Bourgogne, publiée par H. Bouchot. *Dijon*, 1875-1876, 2 vol. in-8 broch.

618. Beaune (H.). Des distinctions honorifiques et de la particule. *Paris, Muffat*, 1862, pet. in-8, demi-rel. mar. La Vall., tête dor., n. rog.

619. Boullainvilliers (De). Essais sur la noblesse de France. *Amsterdam*, 1732, in-8, v. fauve.

620. Chartrier français (Le), ou recueil de documents authentiques à l'usage de la noblesse. *Orléans*, 1869-1871, 3e et 4e années, in-8 broch.

621. Chasot de Nantigny. Tablettes historiques, généalogiques et chronologiques, 4e partie. *Paris*, 1751, in-18, v. porph.

622. Chastellux (De). Histoire généalogique de la maison de Chastellux, avec pièces justificatives. *Auxerre, Perriquet*, in-4 broch.

623. Denais. Armorial général de l'Anjou. *Angers, Germain et Grassin*, 1885, 3 vol. in-8, planches d'armoiries, broch.

624. Dey (A.). Armorial historique de l'Yonne, recueil d'armoiries portées avant 1789, par A. Dey. *Sens, Duchemin*, 1863, in-8 broch.

625. Duleau. De l'utilité des documents originaux en matière héraldique. *Paris, Dumoulin*, 1864, in-8 broch.

626. Édit du roy portant création d'une grande maistrise générale et souveraine, et établissement d'un armorial général à Paris, ou dépôt public des armes et blasons du royaume. *Paris, Michallet*, 1696, in-4 broch.

627. État présent de la noblesse française. *Paris*, 1866, in-8 broch.

628. Gougenot des Mousseaux. Essai généalogique sur la maison de Saint-Phalle, d'après titres existant encore en 1860, dans les dépôts publics et des Chartriers (par Gougenot des Mousseaux). *Coulomniers, imp. A. Moussin*, 1860, in-4 cart. dos toile.

Taché par l'humidité.

629. Gouget. Armorial du Poitou. *Niort*, 1866, in-8 broch.

630. Gourdon de Genouillac. Dictionnaire des fiefs de l'ancienne France. *Paris, Dentu*, 1862, in-8 broch.

631. Gourdon de Genouillac. Recueil d'armoiries des maisons nobles de France. *Paris, Dentu*, 1869, in-8 broch.

632. Granier de Cassagnac. Histoire des classes nobles et des classes anoblies. Tome Ier. *Paris*, 1840, in-8 br.

633. Guigard (J.). Bibliothèque héraldique de la France. *Paris, Dentu*, 1861, in-8, demi-rel. chag.

634. Hozier (D'). Armorial général de la France. *Paris, Didot*, 1865-1872, 7 registres en 12 vol. gr. in-4, blasons gravés dans le texte, rel. dos en parch., plats toile grise, n. rog.

635. Indicateur nobiliaire ou table alphabétique des familles nobles, qui, ayant prouvé leur noblesse, sont susceptibles d'être enregistrées dans l'Armorial de France du président d'Hozier. *Paris*, 1818, in-8 broch.

636. La Chenaye-Desbois et Badier. Dictionnaire de la noblesse 3e édition. *Paris, Schlesinger frères*, 1867-1876, 18 vol. in-4, divisés en 37 parties brochées.

Il manque à cet exemplaire un cahier au tome IVe et le tome IX deuxième partie. En revanche on y joindra une table manuscrite composée de plus de 80,000 fiches. Cet énorme travail, classé alphabétiquement, a été fait par M. Edmond Michel.

637. Loiseleur (J.). La doctrine secrète des Templiers, étude suivie du texte inédit de l'enquête contre les Templiers de Toscane. *Orléans, H. Herluison*, 1872, in-8, avec 2 planches, broch.

638. Longpérier-Grimoard (De). Notice héraldique, sigillographique et munismatique sur les évêques de Meaux. *Meaux, Le Blondel*, 1876, in-8, blasons gravés, broch.

639. Magny (De). La science du blason, accompagnée d'un armorial général des familles nobles de l'Europe. *Paris, s. d.*, gr. in-8, blasons, demi-rel.

640. Magny (De). Nobiliaire de Normandie. *Paris*, 1862, gr. in-8, blasons gravés, broch.

641. Maigne. Dictionnaire des ordres de chevalerie. *Paris, Delahays*, 1861, in-12, pap. vergé, broch.

642. Mannier. Ordre de Malte. Les commanderies du grand prieuré de France. *Paris*, 1872, 2 vol. in-8, pap. vergé, br.

643. Marsy (A. de). Table des fiefs du Vexin français avec les noms de leurs possesseurs. *Paris*, 1864, gr. in-8 br.

644. Menestrier. La nouvelle méthode raisonnée du blason, par le P. Menestrier. *Lyon*, 1701, in-12, pl. bas. rac.

645. Nouveau livre d'armoiries, terminé par un index des six parties. *Nuremberg, R.-J. Helmers*, 1705, fort vol. in-4.

Cet ouvrage, dont le texte est allemand, se compose de planches gravées représentant une quantité considérable d'armoiries.

646. Pautet du Parois. Nouveau manuel du blason, ou code héraldique. *Paris, Roret*, 1854, in-12, demi-rel.

647. Procès-verbal de la recherche de la noblesse de Champagne, fait par M. de Caumartin. *A Chalons-Vouziers*, 1852. — Biston. Noblesse maternelle en Champagne, 1878, 2 vol. in-8 br.

648. Révérend du Mesnil. Armorial historique de Bresse, Bugey, Dombes, Pays de Gex, Valromey et Franc-Lyonnais, d'après Guichenon, D'Hozier, etc., par E. Révérend du Mesnil. *Lyon, imp. Vingtrinier*, 1873-1874, 2 vol. in-4, blas., broch.

649. Revue historique de la noblesse, par A. Borrel d'Hauterive et A. de Martres. *Paris*, 1846-1848, t. II, III et IV, 3 vol. in-8, pl., broch.

650. Riffé. Essais généalogiques sur les anciennes familles du Berry. *Bourges*, 1870-1875, 3 vol. in-8 broch.

651. Roger. La noblesse de France aux Croisades. *Paris*, 1845, in-8, fig., broch.

652. Roque (G. André de La). Traité de la noblesse, de ses différentes espèces. *Paris, Michallet*, 1678, in-4 v.

653. Saint-Allais. Nobiliaire universel de France, ou recueil général des généalogies historiques des maisons nobles de ce royaume. *Paris*, 1870-1876, 40 tomes formant 20 vol. in-8, pap. vergé, broch.

654. Terrebasse (A. de). Relation des principaux événements de la vie de Salvaing de Boissieu, premier président en la Chambre des comptes du Dauphiné. *Lyon*, *Perrin*, 1850, in-8, blasons gravés, broch.

655. Tournade. Étude sur les noms de famille et les titres de noblesse. *Paris*, *Cotillon*, 1882, gr. in-8 broch.

656. Vallet de Viriville. Armorial de France, Angleterre, Écosse, Allemagne, Italie et autres puissances, composé vers 1450 par Gilles Le Bouvier, dit Berry, publié par Vallet de Viriville. *Paris*, 1866, in-8 broch.

657. Vassal (De). Généalogies des principales familles de l'Orléanais, table analytique des manuscrits d'Hubert, par C. de Vassal. *Orléans*, *H. Herluison*, 1862, gr. in-8 br.

658. Vassal (De). Nobiliaire de l'Orléanais, par C. de Vassal, tome Ier. *Orléans*, 1863, in-4 broch.

Tiré à 150 exemplaires.

659. Vignat (E.). Les lépreux et les chevaliers de Saint-Lazare de Jérusalem et de Notre-Dame du Mont-Carmel. *Orléans*, *H. Herluison*, 1884, in-8, pl., broch.

Histoire littéraire. — Biographie. — Bibliographie.

660. Anne de Bretagne (Détails sur la vie privée d'), femme de Charles VIII et de Louis XII. Suivis d'extraits des inventaires de meubles ayant appartenu à cette princesse, par Le Roux de Lincy. *Paris, Didot*, 1850, gr. in-8. broch.

661. Artaud de Montor. Histoire de Dante Alighieri. *Paris*, *Leclère*, 1841, in-8, port., broch.

662. Bausset (Le cardinal de). Histoire de Fénélon, archevêque de Cambrai, composée sur les manuscrits originaux. *Versailles*, 1817, 4 vol. in-8, demi-chag.

663. Brunet. Manuel du libraire et de l'amateur de livres, supplément par Deschamps et G. Brunet. *Paris*, *Didot*, 1878, 2 vol. in-8, demi-rel. chag.

664. Biographie universelle, par une Société de gens de lettres. *Paris*, 1829, 6 vol. in-8, demi-chag.

665. Bibliophile français (Le), publié par Bachelin Deflorenne. *Paris*, 1862-1872, 12 vol. in-8 broch.

666. Description bibliographique des livres choisis en tous genres composant la librairie Techener. *Paris*, 1855-1858, 2 vol. in-8 broch.

667. Francklin. Les anciennes bibliothèques de Paris, églises, monastères, collèges. *Paris*, *Imp. impériale*, 1867, in-4, pl., cart. non rog.

668. Hatin. Bibliographie historique et critique de la presse périodique française. *Paris*, *Didot*, 1866, in-8 broch.

669. Histoire littéraire de la France, par les religieux Bénédictins de la Congrégation de Saint-Maur. *Paris*, *Osmont*, 1733-1759, tomes I à XI, v. m.

670. Histoire littéraire des Troubadours. *Paris*, *Durand*, 1774, 3 vol. in-12, v. m.

671. Lelong (Jacques). Bibliothèque historique de la France. *Paris*, *Osmont*, 1719, in-fol., v. m.

672. Le Paulmier. Ambroise Paré, d'après de nouveaux documents découverts aux Archives nationales et des papiers de famille. *Paris*, 1884, in-8, port., broch.

673. Monteil. Traité de matériaux manuscrits de divers genres d'histoire, par Amans-Alexis Monteil. *Paris*, *Duverger*, 1836, 2 vol. in-8, demi-veau, n. rog.

674. Moreri. Le grand dictionnaire historique, par messire Louis Moréri. Édition revue par l'abbé Goujet et Drouet. *Paris*, 1759, 10 vol. in-fol., v. m.

675. Œttinger. Bibliographie biographique universelle. Dictionnaire des ouvrages relatifs à l'histoire de la vie publique et privée des personnages célèbres de tous les temps et de toutes les nations. *Paris*, *Lacroix*, 1866, 2 vol. in-4 br.

676. Weiss. Biographie universelle. *Paris*, *Furne*, 1841, 6 vol. gr. in-8 à 2 col., broch.

Revues.

677. Bulletin de la Société archéologique de Nantes. Années 1876 à 1882, 7 vol. in-8 en liv.

678. Bulletin de la Société héraldique de France, 1879, 1880, 1881, 1882, et des liv. de 1884, 1885 et 1886, la 1re année reliée.

679. Bulletin monumental dirigé par L. Palustre. Années 1878 à 1882, 1884 et 1885, 7 vol. in-8 en liv.

680. Bulletin de la Société archéologique du Vendômois. *Vendôme*, 1862 à 1874. 12 vol. in-8 cart. et broch.

681. Cabinet (Le) historique. Années 1855 à 1860, 6 vol. in-8 en liv.

682. Congrès archéologique de France, 1877 à 1884, 10 vol. in-8 broch.

Orléans, Senlis, Le Mans, Vienne, Arras et Tournai, Vannes, Avignon, Caen, Pamiers, Foix, Saint-Girons.

683. Figaro (Le). Année 1862, avril à décembre, in-fol. cart.

684. Illustration (L'). Journal universel. Années 1843 à 1847, 1855 à 1858, 1er semestre, ens. 16 vol. in-fol., demi-rel.

685. Le Monde illustré. Années 1861 à 1868, en 16 vol. in-fol., demi-rel.

686. Le Moniteur de la numismatique et de la sigillographie. *Paris*, 1881, 10 liv. in-8, fig.

687. Société des Antiquaires de France. Années 1857, 1876 à 1884, 14 vol. in-8 broch. ou en liv.

688. Société des antiquaires de l'Ouest. Années 1876 à 1886. Table de 1834-1876, 11 vol. en liv. in-8 broch.

TRAVAUX DE M. EDMOND MICHEL

Essai sur l'histoire des faïences de Lyon. 1876.

Catalogue de la collection céramique et des principaux tableaux et objets d'art, appartenant à MM. Michel et Robellaz. 1876.

Correspondance lyonnaise, au point de vue artistique. (Chronique des arts. 1877.)

L'architecture et la sculpture à Venise, du IVe siècle à nos jours, traduit de l'italien de Selvatico. 1877.

Réorganisation de l'enseignement artistique en France. 1877.

Catalogue d'anciennes faïences françaises et étrangères, objets d'art, meubles composant la collection de MM. Michel et Robellaz. 1878.

Monuments religieux, civils et militaires du Gâtinais, depuis le XIe jusqu'au XVIIe siècle. 1879.

Étude biographique sur les Tischbein, peintres allemands du XVIIe siècle. 1881.

Étude sur la sculpture tumulaire de l'Orléanais et du Gâtinais. 1882.

Inscriptions de l'Église d'Yèvre-le-Châtel (Loiret). 1883.

Tombeau de l'abbé de Blanchefort. 1883.

Discours prononcé à la séance d'inauguration de la Société historique du Gâtinais. 1883.

Le baron de Girardot, archéologue. Notice biographique. 1883.

Petit guide complet de l'étranger dans la ville d'Orléans. 1884.

La ville de Blois et ses environs. 1884.

Les Audran, peintres et graveurs. 1884.

La salle des thèses de l'Université d'Orléans. 1884.

L'Orléanais pittoresque et monumental. 1885.

Un tombeau mérovingien au Grand-Villon, 1885.

Inscriptions de l'ancien diocèse d'Orléans. 1885.

Inventaire des richesses d'art de la France. (Loiret, 1885).

Histoire et description du château de Gien. 1885.

Histoire et description des Hôtels-de-Ville de Bellegarde et de Lorris. 1885.

Montargis et les Androuet Ducerceau. 1886.

La muze des bords du Loing. 1887.

IMP. GEORGES JACOB, — ORLÉANS.

www.ingramcontent.com/pod-product-compliance
Ingram Content Group UK Ltd.
Pitfield, Milton Keynes, MK11 3LW, UK
UKHW020433180726
13839UKWH00003B/1481

9 782329 523224